经济学学术前沿书系

ZHONGGUO XINTUOYE DE FAZHAN YU ZHUANXING

中国信托业的发展与转型

李将军　韩圣玥　郭百濂 著

经济日报出版社

图书在版编目（CIP）数据

中国信托业的发展与转型 / 李将军，韩圣玥，郭百濂著．—北京：经济日报出版社，2020.4
ISBN 978-7-5196-0781-4

Ⅰ．①中… Ⅱ．①李… ②韩… ③郭… Ⅲ．①信托业-经济发展-研究-中国 Ⅳ．①F832.49

中国版本图书馆 CIP 数据核字（2021）第 054821 号

中国信托业的发展与转型

作　　者	李将军　韩圣玥　郭百濂
责任编辑	梁沂滨
责任校对	薛银涛
出版发行	经济日报出版社
地　　址	北京市西城区白纸坊东街 2 号 A 座综合楼 710（邮政编码：100054）
电　　话	010-63567684（总编室）
	010-63584556（财经编辑部）
	010-63567687（企业与企业家史编辑部）
	010-63567683（经济与管理学术编辑部）
	010-63538621　63567692（发行部）
网　　址	www.edpbook.com.cn
E - mail	edpbook@126.com
经　　销	全国新华书店
印　　刷	北京九州迅驰传媒文化有限公司
开　　本	710×1000 mm　1/16
印　　张	9.25
字　　数	160 千字
版　　次	2021 年 5 月第 1 版
印　　次	2021 年 5 月第 1 次印刷
书　　号	ISBN 978-7-5196-0781-4
定　　价	38.00 元

前　言

信托是指资产的所有人按照自己的目的或利益，将其所拥有的资产委托给信托机构（法人）代为管理的一种经济行为。信托机制独特的制度优势是：信托财产独立、长期规划、弹性空间和更好地保障受益人权益。

真正具有财产管理制度性质的信托则起源于13世纪英国的用益（use）制。信托最早是以无偿的私人民事信托出现的，后来演变成为一种金融资产管理方法。

在两大法系财产法的结构中，最醒目的区别就是大陆法系的绝对单一所有权和英美法系的普通法所有权、衡平所有权双重所有权制度。这种区别并没有阻止大陆法系国家对信托制度的引入。继日本于1922年、韩国于1961年、我国台湾地区于1996年先后颁布了《信托法》之后，我国于2001年也制定了《信托法》。从消极信托到积极信托的演变以及信托品种的创新，反映了信托制度的灵活性及其广阔的发展空间，这是一国继受信托法的根本动因。

与美国、日本等国的银行兼营信托业务不同，也与信托发源地的英国以个人受托为主不同，我国目前由专业的信托公司运作信托业务，且主要以商业信托为主。

从1979年中国国际信托投资公司的成立算起，我国信托业已经走过了42年的时间。总结我国信托业42年的曲折发展历程，可以认为，政府规制解决了两大问题：一是《信托法》解决了我国信托业的定位问题，即“受人之托、代人理财”；二是“一法三规”及2018年来的“资管新规”

等一系列规定都试图引导着我国信托业走上规范的发展道路。

应该辩证地看待我国信托业的发展：一方面，多年的快速发展历程表明信托业已经“三十而立”；另一方面，目前的我国信托业还远远没有达到“四十不惑”的程度。

近年来，外部环境发生了深刻的复杂变化，世界经济低迷、贸易保护主义上升，面临着百年未有之大变局。2020 年，新冠肺炎疫情发生，世界经济陷入深度衰退，中美分歧与博弈加剧。在这种背景下，2020 年 5 月 14 日，中央政治局常委会会议提出，要“深化供给侧结构性改革，充分发挥我国超大规模市场优势和内需潜力，构建国内国际双循环相互促进的新发展格局”。这是为了适应国内外经济环境的深刻变化，我国政府主动进行的重大战略调整。

虽然历经整顿，信托行业仍然是金融体系中非常有价值的一个领域。在新发展格局下，信托公司应该积极适应“双循环”新发展格局的时代背景，继续进行转型的探索，从而实现行业的可持续发展。

在新发展格局下，资金信托业务的金融逻辑发生了重大变化。服务对象上，由以前的房地产企业、地方政府融资平台转变为产业结构升级、城市更新和新型城镇化发展、支持长租房建设及普惠金融客户群体等；产品兑付规则上，打破“预期收益率 + 信托机构收益留存”的业务模式，逐步向净值化管理过渡，以此实现资金信托产品“卖者有责”基础上的“买者自负”；价值创造模式上，矫正滥用融资功能、监管套利等负面行为，将资金信托业务的价值创造模式聚焦于有效服务实体经济上，提升核心竞争力。

实行净值化管理，将从根本上重塑资金信托产品的业务模式。对资金信托产品实行净值化管理，既需要信托公司改变信托业务的传统模式，提升主动管理能力，也需要投资者破除刚性兑付的信念，认真分析信托产品的风险，根据自己的风险承受能力，理性地进行投资。因此，净值化管理的根本在于遵循统一的估值规则，通过准确的净值向投资者传递信托产品的风险及收益信息。但是，业界还缺乏统一的、规范的非标信托产品的估值原则、程序和方法。

新发展格局指明了资金信托业务的转型路径。证券投资类资金信托产品本身就采用公允计价法进行估值，又顺应了国家大力发展资本市场的潮流，是新格局下信托公司转型的新蓝海。对事务管理类和主动管理类两种类型的标品资金信托业务来说，信托公司都应该结合自身的行业优势，继续提升核心竞争力。对于普惠金融、城市更新、长租公寓等非标业务来说，在统一的估值标准出台之前，信托公司应该先创新业务模式，探索可持续发展的、风险可控的价值创造路径。

在新发展格局下，信托公司还应该加大对服务信托业务的持续探索。服务信托与资金信托业务的经营理念完全不同。2018 年 8 月，中国银行保险监督管理委员会信托监督管理部在《信托部关于加强规范资产管理业务过渡期内信托监管工作的通知》中明确指出，公益（慈善）信托、家族信托不适用资管新规的相关规定。从政策法规中，可以看出服务信托与资金理财、资产管理的特征明显不同。尽管存在商业价值不显著、盈利模式尚需探索等种种困难，但是，发展服务信托是引导信托公司回归本源业务的必然选择。

目　录

CONTENTS

下篇

2018 年以后信托业的转型发展新思维

导　论

一、信托的起源与内涵

真正具有财产管理制度性质的信托起源于13世纪英国的用益（use）制。英国中世纪的土地制度则是信托制度的雏形——用益（use）制产生的根源和基础。梅特兰（2008）认为[①]，在12世纪，所有可能发展成立遗嘱权力的制度萌芽都被连根拔起。比起土地因素，信托产生的其他因素，都显得极其次要。1066年诺曼底公爵威廉征服英格兰后，整个英格兰的土地都为他所有，除了留下大量土地作为王田外，还将许多没收来的土地分封给追随者，即封土制。也就是说，英国所有的土地都是国王所有，封建主通过买卖或继承转移的不是土地的所有权，而是土地的使用权。在英格兰被征服后的几十年里，一块土地可以是几个不同的人的财产：农民、领主、领主的领主、国王，每个人都仅仅拥有土地的部分权利而不是全部。领主把土地分封出去以后，还享有封建附属权利（教会的土地则免除），包括协助金、继承金及先占权、监护权与婚姻权、没收权等权利。

为了保护这些土地上的封建附属权利以取得财政收入，英国世俗国王及大贵族禁止遗赠土地，固守长子继承制，并于1279年颁布《没收法》（Statute of Mortmain），禁止对教会捐赠土地。为了规避这些规定，在土地发生继承、捐赠时，人们就设计出了用益（use）制。用益制是这样的一种制度，即甲将一定的财产交由乙（受托人）管理，乙（受托人）凭良心将所得收益和财产交由受益人（丙）。例如，教徒先将土地让与受托人，受托人管理土地，并凭借良心将土地收益归与教会。由于教徒没有把土地

① 梅特兰．国家、信托与法人［M］．大卫·朗西曼、马格瑞斯·瑞安译．北京：北京大学出版社，2008：106-107.

直接捐给教会，所以就规避了《没收法》的制约，但教会仍然是最终的受益者，效果与直接捐赠一样。而对世俗国王及大贵族来说，则失去了附着在土地上的封建附属权利，减少了财政收入。

1536 年，为了收回封建附属权利，维护其财政利益，亨利八世颁布了《用益法》（Statute of Uses）。国王制定《用益法》的目的是将衡平法上的权利结合进普通法，即用普通法的方式承认用益权，以阻止用益的使用带来的对封建附属权利的破坏，恢复君主的财政收入。

然而，《用益法》对三种用益不适用：积极用益，有期地产、动产和准不动产，在第一个用益之上产生的第二个用益（即“双层用益”，Use Upon a Use）。其中，直到 1634 年萨班奇诉达斯顿案，大法官才承认了“双层用益”中第二个用益在衡平法上的有效性。《用益法》的颁布为信托与用益分离创造了条件，这部分不被承认的用益，法院当时将其统称为“信托”，以后就逐渐发展成了现代信托。因此，以 1536 年《用益法》这部法律为基石，英国人逐渐发展出了独具英国特色的信托制度。

到 20 世纪，随着社会政治经济的变化，信托也不断发展，财产的多样化使得土地外信托成为主流之一，财富观念的变迁要求受托人积极作为，信托立法不断增多。信托制度也走向英国以外的英美法系国家和大陆法系国家。

那么，信托的内涵是指什么？表面来看，用益（use）制是在产权复杂的客观背景下处置财产的一种有效机制，其基本功能是被用作一种财产转移手段，目的是规避当时对财产转移所加的限制。从根本上来讲，信托与衡平法有着天然的联系，衡平法为信托的依托，而衡平法的基本原则是“正义、良心和公正”。衡平法是为了弥补普通法的一些不足之处而产生的，体现了对产权的尊重和保护。在衡平法基本原则的基础上，孕育出了信托文化，即自愿、公平、诚实、信用、谨慎、有效，或者说，“受人之托、忠人之事”。

英国早期的信托是一种利他的、身后的传统民事信托，受托人主要出于义务，因此不收取任何费用。

美国比英国早几十年完成了个人受托向法人受托和民事信托向商业信托的过渡。美国的信托是身前自利为主的、有偿的商业信托（营业信托）。法人受托和有偿服务是美国信托创新的两大特点，这成为后来世界各国信托关系的主要形式。

二、我国信托业的现状

改革开放后，我国重新引入信托业。从 1979 年中国国际信托投资公司的成立算起，我国信托业已经走过了 42 年的时间。“三十而立，四十不惑。”我国信托业的现状如何？“立”了吗？距离“不惑”还有多远？

就实践来看，以 2001 年《信托法》的出台为界，基本可将我国信托业 42 年的成长历程分为两个阶段。

第一阶段：

1979 年～2001 年为第一阶段，在此期间，我国信托业经历了 5 次整顿，具体如表 1 所示。

表 1　1979 年～2001 年期间我国信托业整顿周期示意简表

顺序	期间	过程	措施
第一次整顿	1982 年	1980 年，在国务院试办信托业的号召下，银行、部委和地方政府纷纷设立信托公司，其业务为变相的银行存贷款业务，冲击金融调控。	1982 年国务院对信托业进行整顿，要求各地区、部门不得办理信托业务。
第二次整顿	1982 年～1985 年	中国人民银行肯定了信托业混业经营，强化了信托业以银行业为基础，出现“金融百货公司”的倾向。信托业所进行的信贷活动，成为信贷规模失控的重要原因。	1985 年中国人民银行要求停止办理信托贷款和信托投资业务，已办理业务要加以清理。
第三次整顿	1985 年～1988 年	信托贷款导致固定资产投资失控，助长了宏观经济过热，通货膨胀严重。	1988 年，中央全面清理撤并各级人民银行批设的信托公司。

续表

顺序	期间	过程	措施
第四次整顿	1993 年	信托机构的高息揽存和放贷加剧了金融秩序混乱。	清理信托公司，要求国有商业银行与信托公司脱钩。
第五次整顿	1999 年	多个信托机构爆发支付危机。	按照“信托为本、分业管理、规模经营、严格监督”的原则，全面整顿，实现银行、证券、信托分业经营、分业管理。

对于第一阶段信托业的曲折成长，可以认为是对信托业“准银行机构”定位的制度错位，导致了信托业“耕了别人的田，荒了自己的地”。

根据人民银行 1986 年颁布的《金融信托投资机构管理暂行规定》，信托机构的资金运用范围比银行更宽泛，既能从事实业投资，又能开展证券投资。从展业实践来看，当时的信托公司对金融和信托的本质没有把握住，从而导致了实践中的种种偏差。具体来讲，包括很多方面：公司治理存在重大缺陷、内控措施虚设、管理混乱；盲目扩张和投资，在对产业链没有深刻理解的情况下，涉足从金融到实体经济的诸多行业；高息揽储、非法吸收公众存款；违规经营、操纵股票价格等。

第二阶段：

与之前的历次整顿思路不同，1999 年信托业的第五次整顿开始从其根本定位来入手，希望通过制度的重构来引导信托公司回归主业。《信托法》的目的之一就是要对信托公司的发展进行引导，促其回归本源成为“受人之托、代人理财”的金融机构。

在《信托法》（2001）、《信托投资公司管理办法》（2002）和《资金信托管理暂行办法》（2002）相继颁布期间，理论界和实务界都曾经看好我国信托业的发展前景。但是，金新信托公司等还是在 2004 年发生了信托产品的支付危机事件。

于是，为了进一步规范及引导我国信托业的发展，银监会颁布了《信托公司管理办法》（2007）和《信托公司集合资金信托计划管理办法》

（2007），对信托公司的关联交易等进行了限制。而 2010 年《信托公司净资本管理办法》的实施，使得我国信托公司在展业过程中以净资本和风险资本为核心来塑造业务模式。

总结我国信托业 42 年的曲折发展过程，可以认为，政府规制解决了两大问题：一是《信托法》解决了我国信托业的定位问题，即“受人之托、代人理财”；二是“一法三规”试图引导着我国信托业走上规范的发展道路。

从近几年的发展情况来看，政府规制有力地促进了我国信托业的快速发展。至 2012 年末，我国信托业管理资产已经超过了保险业 7.35 万亿元的规模，成了第二大金融子行业。从 2006 年到 2017 年末，我国信托业管理资产规模高速扩张，规模从 3500 亿元扩张到 26.25 万亿元，增长了 75 倍（见图 1）。

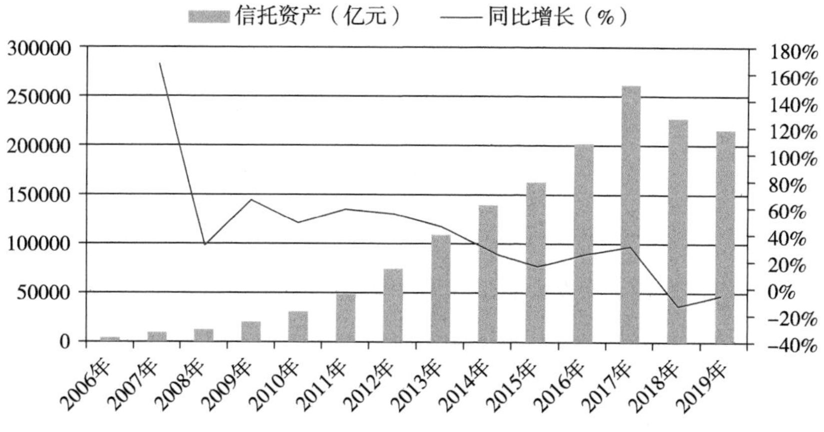

图 1　2006 年 –2017 年我国信托资产规模快速增长

数据来源：中国信托业协会

然而，我国信托业在快速发展的同时，信托公司的业务实践中却表现出这样一些特征：资金来源不够优化；资金运用方式中贷款比重过高，且投资没有明确方向。资金来源方面的主要表现是，截至 2020 第二季度末，单一信托资金占全部信托资金的 34.63%，管理财产信托仅占全部信托资金的 17.02%，集合资金信托占全部信托资金的 48.35%（见表 2）。从功能的角度来分析，融资类信托资产占比为 30.29%，投资类仅占比为 24.69%，事务管理类占比为 45.02%。

表 2　2020 年第二季度末我国信托业信托资产结构表

<table>
<tr><td>信托资产</td><td colspan="5">212799.45 亿元</td></tr>
<tr><td colspan="3">按来源划分：</td><td colspan="3">按功能分类：</td></tr>
<tr><td rowspan="2">集合资金信托</td><td>余额</td><td>102886.56</td><td rowspan="2">融资类</td><td>余额</td><td>64456.42</td></tr>
<tr><td>占比</td><td>48.35%</td><td>占比</td><td>30.29%</td></tr>
<tr><td rowspan="2">单一资金信托</td><td>余额</td><td>73702.43</td><td rowspan="2">投资类</td><td>余额</td><td>52545.02</td></tr>
<tr><td>占比</td><td>34.63%</td><td>占比</td><td>24.69%</td></tr>
<tr><td rowspan="2">管理财产信托</td><td>余额</td><td>36210.45</td><td rowspan="2">事务管理类</td><td>余额</td><td>95798.01</td></tr>
<tr><td>占比</td><td>17.02%</td><td>占比</td><td>45.02%</td></tr>
</table>

数据来源：中国信托业协会

在信托业的发展过程中，刚性兑付、产品多层嵌套等问题也带来了较大的风险隐患，从而导致了一系列监管政策的出台。2018 年监管部门出台了《关于进一步整治银行业市场乱象的通知》《关于规范金融机构资产管理业务的指导意见》《商业银行理财业务监督管理办法》《商业银行理财子公司管理办法》等一系列监管政策，对监管套利的通道业务进行严格限制。一系列监管政策扭转了 2017 年以前信托业管理资产的快速增长局面，信托业行业的发展迎来拐点（见图 1）。2018 年以来，信托行业持续缩表。在两年半的时间里，信托行业的管理资产规模已经从 2017 年末的 26.25 万亿元大幅压缩至 2020 年二季度末的 21.28 万亿元。

总结起来，应该辩证地看待我国信托业的现状：一方面，2006 年以后多年的快速发展，表明信托业已经“三十而立”；另一方面，我国信托业还远远没有达到“四十不惑”的程度。

三、对我国信托业的研究

目前，对我国信托业的研究，有多个角度，分别是法律、金融和社会经济等，但又不是截然分开的。

（一）法律角度

在两大法系财产法的结构中，最醒目的区别就是大陆法系的绝对单一所有权和英美法系的普通法所有权、衡平所有权双重所有权制度（冉昊，2004）。但这并没有阻止大陆法系国家对信托制度的引入。从消极信托到积极信托的演变以及信托品种的创新，反映了信托制度的灵活性及其广阔的发展空间，这是一国继受信托法的根本动因（侯怀霞，2009）。

在信托财产所有权的归属上，大陆法系国家有五种不同的观点：受托人享有信托财产所有权（为日本、韩国和我国台湾地区的信托法所采纳）、受益人享有信托财产所有权（为一些德国学者所主张）、委托人享有信托财产所有权（我国信托法的规定）、附条件享有所有权（也为德国学者所主张）、信托财产作为法律主体享有所有权（部分日本学者所持有）。无论采用哪一种主张，在确定信托财产的归属之后，通过相关的配套制度设计出一系列完备规范，都可以达到其目的（金锦萍，2008）。

继日本于1922年、韩国于1961年、我国台湾地区于1996年先后颁布了《信托法》之后，我国于2001年也制定了《信托法》。

我国《信托法》充分借鉴了国外已经定型化了的信托原理，遵循了规范意义上的信托概念，按照信托的本质构建了中国的信托制度；同时也充分结合了中国的实际情况，如考虑到人们对财产转移观念的接受程度，我国《信托法》（2001）采用了委托人将其财产权“委托”给受托人的写法，但从《信托法》中规定的信托法律后果看，实际上是一种财产权的“转移”。《信托法》是一部高层次、统一的信托制度，涵盖、适用于所有的财产管理活动，它是规范所有财产管理活动的基本法或称母法，是对信托关系的最基本要素的一个法律约束（夏斌，2001）。

我国2001年信托立法里，与世界各国不一样的是没有明确规定财产的所有权或财产权属于受托人。这一特征告诉我们必须同时兼顾两方面的利益，一是受托人对于财产应该享有完全分配的权利；另外又要考虑到受益人对于这部分信托财产本身所获得利益的保障，而单纯地强调某一方面都不符合信托法的原则（江平，2001）。信托财产的权利主体与利益主体相分离本质要义，在中国制定的《信托法》中，均有所继受和体现，基本上保留了信托制度整体的价值功能与法律构造（王连洲，2004）。

有些学者认为我国《信托法》还存在着不足。中国信托立法有关财产权转移及信托业管制的规定存在一定的缺陷（盛学军，2003）。双重所有权是英美法信托制度中精巧的法律制度设计，但它与我国单一所有权理念格格不入。我国移植了信托制度，但没有妥善解决双重所有权的本土化问题，由此导致信托财产所有权归属模糊不清受益权性质悬而未决信托登记名存实亡（于海涌，2010）。在信托法早期的英国，与其说信托是一项法律制度，还不如说仅仅是大法官们的良心和公平正义的思想和理念，信托制度的有效运作对法官的依赖性极强。因此，对法律文化传统、经济发展水平和法律观念等本土化资源的高度依赖性，决定了信托法在移植的过程中必须克服诸多制度上的障碍。如果这些障碍不能克服，即使制定出了一部完善的信托法，也至多只能具有形式意义，甚至可能产生破坏既有的法律传统和法律体系的严重后果（侯怀霞，2009）。

重要的是学者对我国引入《信托法》持有乐观的观点。事实上存在于英美信托制度中的若干基本规定，在经大陆法系有关国家或者地区立法机关的技术改造后，完全可以存在于该国或者该地区的依大陆法系的法律基本理念所制定出来的信托制度中（张淳，2004）。日本的信托法在时隔84年以后，在2006年得到了修改。实际上，迅速地应对切实的社会需求是必要的。但是，理论上的问题也需要进行充分的讨论。在这样相互紧张关系中，并不能为立法已经规定了就停止讨论，相反，需要在理论上继续对立法似乎已经解决的问题进批判性的讨论，这对法律的发展乃至信托法的发展都是不可欠缺的（能见善久，2008）。用信托的本质特征来逐一辨析，“信托异化论”未必正确（刘迎霜，2011）。神田秀树（2016）指出，信托具有金融和财产承继、福祉两张“脸”，即具有商事信托和民事信托两种类型。日本信托的一大特征是，长期以来将信托制度定位于金融制度之中。这对我国信托业的发展与转型可有一定的借鉴作用。

（二）金融角度

信托业的要点是“消费者心中（提供一个风险和收益介于比银行储蓄存款和证券市场投资的产品）”和“相对于竞争对手（提供一个有别于银行、证券、保险其他金融机构的中、长期金融信用服务、可以直接投资于实业领域的产业投资基金资产管理业务）”（李廷芳，2007）。这个结论的不足是仅仅就我国目前金融业分业格局的既定模式下的分析，显得过于狭义。

2001 年《信托法》出台以前，我国信托机构虽然都冠之以“信托”之名，然而实际上其信托业务的开展极不规范，多数机构将“信托业务”办成“信贷业务”，只有“信托”之名而无“信托”之实（夏斌，2001、2019）。

2001 年《信托法》出台以后，信托业开始回归“受人之托、代人理财”的本源。信托公司需要真正为高净值客户做“代客理财”（蔡鄂生，2010）。信托业专注于为高净值客户进行全方位理财的管理，这是一个无人与之抗衡的优势。（吴晓灵，2010）。监管部门将对信托公司研究创设私募基金计划提供实质支持。通过科学监管，改进服务，力争用 3 年至 5 年的时间使信托公司盈利模式有较大转变，真正体现信托原理，充分发挥信托功能，发展成为面向合格投资者、主要提供资产管理、投资银行业务等服务的专业理财机构（柯卡生，2010、2019）。这些代表了监管层的观点。

还有许多学者的观点：

信托银行和投资银行是中国信托公司可选择的发展方向定位（袁江天，2006）。信托公司的业务定位应围绕其金融功能进行确立：一是资产管理为核心的、有别于其他金融机构所特有的实业投资、中长期金融信用服务的产业投资基金业务；二是以信托特有的破产隔离功能优势所提供制度中介型服务的资产证券化受托人、企业年金管理中的受托人、员工持股的受托人业务；三是提供集融资、投资功能为一体，结合信托公司专业理财服务的工具型投行业务（李廷芳，2007）。

监管部门 2001 年以来所颁布的执行性制度体系中，在有利于信托公司发挥信托本原优势的同时，也同时形成了以“私募定位”和“刚性兑付机制”为代表的消极制度约束。因此，应从创设性制度入手，逐步开放信托公司公募业务，允许信托投资者市场化地承担亏损风险以及统一监管规则。这样信托公司才能在发挥信托功能的基础上，形成特色化行业发展模式（李勇，2010）。必须改变信托业是以代客理财为主业的错误认识，推广信托的首要功能是安全继受财产并灵活安排其受益权的理念，树立信托业是以安全管理财产、稳健投资为特色的低风险行业的形象。要积极鼓励商业银行通过收购信托公司名正言顺地开展信托业务，并明确商业银行的托管业务、养老金账户等都属于信托账户，以减少制度设计成本和降低监管复杂性（廖强，2009）。我国金融监管实践中，对信托业的定义是所有信托机构进行营业性资金信托业务的总和（李晋娴，2017）。作为一种法律关系和制度安排，信托可以被广泛运用于各类金融资产管理机构（邢成，2019）。

上述的研究，其分析或是将信托建立在国别比较的基础上，或是信托在金融体系中的定位方面，得出的结论具有一定的价值。但是，对我国信托业的研究，还需要从以下几个角度进行拓展：一是我国金融体系目前的形势是银行、证券、基金等都涉及理财业务，金融子行业之间的界限越来越模糊，结合最新的金融生态对信托业的研究相对不足；二是双循环新发展格局下我国经济的逻辑出现变化，表现在人口红利结束、逆全球化背景下出口不振、改革攻坚越来越难等方面，结合最新的时代背景对信托业的研究相对不足；三是结合我国国情的动态演变，分析我国信托业的动态变化过程，研究成果相对不足。

（三）综合角度

结合我国的具体国情，蒲坚（2010，2011）对信托的研究，在高度和广度上都极具创新性和代表性。[①] 经过数年的思考和实践，他主张，应从社会主义市场经济的理论高度和社会责任感的角度来认识信托的价值。归纳起来，他的部分主要观点有：

（1）信托关系是一种新型的生产关系，可以容纳多元生产力的协调发展，通过资金集合、功能集成，以一种新型的公有制实现形式达成金融普惠和资本民享，对促进包容性增长具有独特的优势。

（2）信托在中国的政治价值，是指其能够适应社会主义初级阶段的要求，在生产关系和经济基础方面发挥作用，使社会主义公有制和市场经济有机结合，并通过独特的运作机制实现资本民主、经济民主，从而促进社会平等和正义。

（3）信托的经济价值是信托作为新的生产关系在社会主义市场经济中的作用发挥，符合社会主义初级阶段的基本需要。

（4）信托的社会价值是政治价值和经济价值的延伸，体现其解决国家

① 详见蒲坚的《信托的中国价值》《在促进包容性增长中实现信托价值》等系列文章。

经济发展中所面临的问题时带来的社会效应。

总结起来，部分学者认为我国《信托法》还存在着不足，甚至提出信托异化的观点（盛学军，2003；李廷芳，2007；孙义刚，2009；于海涌，2010；吕铖钢，2015；金新强，2018）。但是，更多学者对于我国引入信托制度持有乐观的观点（王连洲，2004；李勇，2010；周小明，2013、2019；陈赤，2015；邢成，2018；袁吉伟，2018；江平，2001、2019）。

四、本书的主要内容与结构

自我国《信托法》（2001）发布以来，随着一系列监管政策的出台，我国信托业走上了规范的发展道路。在 2006 年至 2017 年，我国信托公司管理的资产规模连续快速增长，成长为第二大金融子行业。在满足了融资方资金需求的同时，也积累了不容忽视的风险，引起了监管部门的注意；2018 年以来，“资管新规”系列政策的出台，导致了我国信托业管理资产规模又连续下降，信托业的转型问题成为业界关注的焦点。

本书的内容，共分两大部分：上篇共分四章，主要研究了我国信托业在 2006 年至 2017 年快速发展过程中的主要问题，包括影子银行的辨析、我国资金信托业务的金融逻辑与功能、刚性兑付规则的成因与风险化解、内涵式发展道路等内容；下篇共分五章，主要研究了 2018 年以后严监管背景下我国信托业的转型发展问题，包括基于蓝海战略的信托业应对“资管新规”策略、信托产品净值化管理、信托业的普惠金融服务、金融科技背景下信托产品创新、“双循环”新发展格局下资金信托业务的金融逻辑变化及转型路径等内容。

上篇

2006–2017：辩证看待
高速增长时期的我国信托业

第一章 我国信托业是影子银行吗?

一、影子银行体系风险根源

国内外学者对影子银行问题进行了充分研究。影子银行，由太平洋投资管理公司麦卡利和比尔·格罗斯（2007）提出，克鲁格曼（2009）则认为，称之为“影子银行系统”更为贴切。具体的定义，影子银行系统是指那些行使着银行功能却不受监管或少受监管的非银行金融机构，包括其工具和产品（辛乔利，2010）。Gorton 和 Metrick（2010）认为，从广泛的意义来说，包括投资银行、货币市场基金等机构和一系列的金融衍生产品在内的系统是影子银行体系。这个体系发挥着传统银行的功能，通过货币市场基金来分流银行的存款，借助证券化的形式在传统银行表外开展业务，从而不受监管。由 G20 成立的金融稳定理事会（Financial Stability Board，2011）认为，影子银行体系指的是传统银行以外的信用中介系统，包括机构和业务行为，这个系统从两方面增加了当局的担忧：一是系统性风险，尤其是由到期 / 流动性转换、杠杆和有缺陷的信用风险转移；二是监管套利问题。

影子银行体系与 2008 年金融危机直接相关。危机发生以后，各国专家们认真研究了这场危机发生的原因，提出了许多不同的意见，如：房利美和房地美导致了房市泡沫和金融体系的脆弱；1999 年《格拉斯—斯蒂格尔法》的废除导致商业银行涉足投资银行业务等。但是，克鲁格曼

（2009）指出，2004年至2006年房利美和房地美正在接受审查，对不良贷款的泛滥只起了很小的作用；虽然废除《格拉斯—斯蒂格尔法》是错误的，但废除《格拉斯—斯蒂格尔法》也只是间接上加剧了危机。因此，从未受过监管的影子银行系统所积累的巨大风险才是问题的核心。2011年1月，美国金融危机调查委员会公布的调查报告也指出，造成金融危机的主要原因之一是联邦政府的监管失职。

那么，影子银行体系为何得以发展壮大呢？或者说，影子银行体系的价值何在？格罗斯（2007）辩证地指出了影子银行系统作用的两面性：随着金融衍生品流通到全球，影子银行系统的确使得信贷平民化了，其好处是促进了经济发展、提高了个人收入和公司利润，但是，影子银行系统偏离了正确的方向。Gorton和Metrick（2010）认为，影子银行是过去30年至40年以来金融体系根本性变化的结果。脱媒危机导致传统银行模式的下降，面对来自非银行金融机构和他们的产品竞争，商业银行利润减少，业务创新成为客观的需要，监管部门也支持这种趋势，从而放松了必要的监管。李扬（2011）认为，“影子银行体系的发展与金融界多年来一直倡导甚至讴歌的金融创新有关。在相当程度上，它们甚至就是金融创新自身。……深一步分析，影子银行体系的发展，还与20世纪70年代以来金融业的重大战略性转型密切相关。”在现代市场经济中，筹资者和投资者的金融服务需求越来越多样化，传统银行的借贷模式逐渐满足不了这些需求，欧美国家出现了脱媒型信用危机，由此导致了金融创新成为客观需求，影子银行的发展渐渐成为潮流，这在客观上体现了影子银行系统的价值。

影子银行体系是怎么运作的呢？根据纽约联邦储备银行的报告（2010），影子银行系统在进行信用活动时，有着一套严格的、紧密相连的步骤，使用着一套特定的金融技术。总体来说，可以分成七个步骤：（1）金融单位通过商业票据或中期票据发放初始贷款，包含汽车贷款、非一致性抵押贷款等；（2）影子银行通过资产支持商业票据（ABCP）在货币市场融资，进而购买初始贷款，形成资产包；（3）汽车贷款和住房抵押贷款等资产被打包成资产支持证券（ABS）并发行；（4）影子银行通过再回购（Repo）协议进行短期资金融资，并使资产支持证券（ABS）形成新的资产包；（5）影子银行通过SPV（特别目的载体）将资产支持证券（ABS）资产包进一步包装成担保债务证券（CDO），以进行信用风险的重新分配；（6）投资银行、对冲基金等影子银行单位在ABCP、Repo等货币市场资金支持下，对证券进行一系列中间操作；（7）影子银行系统将包装的异常复杂的证券批发出售给不同的投资者，如商业银行、投资银行、保险公司、共同基金、对冲基金等。这一系列的过程，将影子银行系统连接成一个网络。对影子银行系统来说，证券化是其最重要的操作平台。

从影子银行运行机制的分析中，可以得出一个基本的结论：初始贷款的质量问题是整个影子银行系统健康运行的基础。如果这个基础不坚固的话，无论在后面的过程中怎么包装，都是空中楼阁。对初始贷款银行来说，在传统银行经营模式下，每一笔贷款的质量好坏都与银行的经营业绩紧密相关，因此，传统银行对贷款非常谨慎。而在影子银行体系中，初始贷款可以打包出售，这就相当于风险转嫁，因此，贷款银行的关注重点转向了如何转嫁风险，对贷款质量的要求降低了，这就导致次级贷款大行其道，违约风险大大加强。这对整个影子银行系统来说，无疑撼动了整个系统的运行基础。

对影子银行系统来说，如果基础资产质量下降，则在其一步步地资产转移过程中，就是风险转让和逐步积累的过程。辛乔利（2010）指出，在数千笔抵押贷款打包形成的资产包的基础上，这些资产包又被分层，并且又与其他资产包的分层结合，产生新的CMO（抵押担保凭证），而其他层又与另外完全不同的包含种种不同类别贷款的资产池结合，形成新的CLO（担保贷款凭证）。最终结果就是各式各样的贷款混合形成新的CDO，而CDO分层又与其他CDO结合产生CDO平方（以CDO分层为基础的CDO），这就使得证券结构变得异常复杂，存在着严重的信息不对称，投资者根本不可能了解CDO的完全信息，也就不可能准确判断其投资价值。甚至在金融危机后，市场再也无法为这些有毒资产进行定价而出现交易冻结，政府的救助也很难解决问题。

作为创新，影子银行体系在运行时难免存在不完善的地方，在这时候，政府本应该加强监管和引导，以使其扬长避短，逐步完善，以发挥出其应有的价值。但是，美国金融监管当局却对影子银行系统运行中所蕴含的风险采取了如克鲁格曼所称谓的“恶意漠视”的态度，这是很令人费解的。1999年和2000年分别通过的《金融服务现代化法》和《大宗商品期货现代化法》为影子银行的发展提供了足够的空间，并且将场外交易（OTC）排除在监管之外，而影子银行系统的证券化产品都是场外交易的。

监管的真空，导致了影子银行体系的运行偏离了正确的方向，失去了其本来的价值，不再是促进生产要素的有效结合，而在于从承销、打包和交易等证券化过程中赚取手续费，有些基金经理还把证券化作为投机工具，进行投机套利。而证券化发行总额越高，其手续费收入越高，这就导致了二级证券化（证券化基础上的再证券化）和三级证券化。为了吸引投资者，影子银行还通过内部增级与外部增级来增加证券化产品的信用度，如让信用评级机构进行信用升级来进行包装等，最终来隐性的欺骗投资者。在各种利益相关者逐利的驱使下，影子银行系统及证券化产品飞速发展。2008年6月，纽约联邦储备银行行长盖特纳在演讲中提到，“2007年初，资产支持商业票据、结构化投资工具、拍卖利率优先证券、可选择偿还债券和活期可变利率票据的总资产值已经达到2.2万亿美元左右。通过第三方回购隔夜融资的资产增加到2.5万亿美元。对冲基金持有的资产增加到1.8万亿美元。当时的五大投资银行的资产负债表总规模达到了4万亿美元。对比之下，美国前五大银行控股公司那时的总资产只有6万亿美元多，整个银行系统的总资产约为 10 万亿美元。”当房地产市场出现逆转时，次贷问题违约越来越明显，于是，以次级贷款为基础的证券大幅贬值，投资者引起恐慌，收回资金成为首选，导致整个影子银行系统的流动性迅速消失。挤兑首先从影子银行系统中的结构投资载体（SIV）开始，迅速蔓延，整个影子银行系统全面崩溃，进而演变成世界性的金融危机，严重影响了实体经济的发展。

危机发生之后，对影子银行系统要加强监管成了共识。美国国会通过了《多德—弗兰克华尔街改革与消费者保护法案》，其中包括了关于影子银行的许多规定，如对冲基金必须注册、过度的衍生品场外交易要转到交易所内进行、系统性的机构要接受联储的监管等（Gorton and Metrick，2010）。这也体现了政府希望通过外力来将影子银行系统的发展引导到正确的轨道上来的意愿。

管，还是不管？影子银行的实践充分证明了，监管是必需的，因为经济自由主义会由于人性的贪婪而导致市场并非有效。但是，进一步研究，究竟管到什么程度，怎样进行管理？这就不是能够简单回答的问题，必须透过表面现象看到深层次的原因，那就是指导经济发展思想的抉择和取舍。二战以后，凯恩斯的政府管理经济理论风靡一时，但是，半个世纪以后，哈耶克和弗里德曼的自由市场理论又越来越受推崇，影子银行体系的不受监管即与此有关。2011 年 1 月，美国金融危机调查委员会公布的调查报告认为，造成监管缺失的深层原因是 20 世纪 90 年代以来新自由主义思潮的影响，导致了监管和执法的必要性受到质疑，如放宽投资银行净资本要求、降低信息披露和尽职调查的标准、过度依赖金融机构自律、反对监管对冲基金及衍生市场等，为危机埋下了隐患。

但是，即便是监管，也需要政府非常慎重地对待，正如李扬（2011）指出的，“影子银行体系是应投融资的多样化需求而产生的，并有着信息化的客观背景，要想禁绝其发展，甚或是对其进行稍微严格的监管，必然会付出丧失金融效率的巨大代价。各种加强金融监管的探讨和业已实施的改革，均以相当谨慎的态度处理影子银行体系问题。”对影子银行问题的慎重，反映了深层次里西方经济发展指导思想的反思和摸索，正如盛松成（2011）所指出的，西方经济界对于经济自由主义的信念是根深蒂固的，但这次危机重创了经济自由主义信条。影子银行系统中的相关人士的自由竞争，没有给社会带来福利的增长，反而成了危机爆发的风险根源。可以肯定的是，西方政府在对待影子银行发展问题上，将走一条介于自由市场和政府干预之间的中间道路。但是，政府干预和市场自由二者之间“度”的把握，则没有明确的答案，需要在理论和实践的反复纠偏中，不断地探索下去。

二、辩证地看待我国信托业

1999 年信托业的第五次整顿开始从其根本定位来入手，希望通过制度的重构来引导信托公司回归主业。2001 年 10 月 1 日开始实行的《信托法》的目的之一就是要对信托公司的发展进行引导，促其回归成为“受人之托、代人理财”的专业性金融机构。随着《信托法》《信托投资公司管理办法》（2002）以及《资金信托管理暂行办法》（2002）的相继颁布，社会各界对我国信托业的未来相对看好，声称“信托业的春天已经来临”。实践中，2003 年各类信托产品层出不穷：房地产信托、MBO 信托、外汇信托、法人股投资信托等不断被开发出来。然而，到了 2004 年问题出现了：金新信托等公司发生信托产品的支付危机；在第五次整顿后重新登记的 59 家信托公司中，又查出约 1/3 存在新增坏账比例过高和不规范运作等问题。对此，专家（邢成，2004）认为“实质上是个别公司微观层面上的经营问题，而非宏观层面上整个行业的制度定位问题”。在监管层面，跟过去历次整顿不同，不再是“一人得病、全家吃药”式的全行业整顿，而是区别式的分类监管，这体现了“扶优限劣”的原则。

为了进一步规范和引导信托业的发展，监管部门颁布了《信托公司管理办法》(2007）和《信托公司集合资金信托计划管理办法》(2007)，对信托公司的关联交易等进行了限制和规范，将信托公司定位为“为合格投资者提供资产管理服务的金融中介机构”。2011年《信托公司净资本管理办法》的实施，使得净资本和风险资本成为信托公司业务模式构建的核心。由此，我国信托业进入了“一法三规”监管下的规范发展时期。

面对我国信托业的实践，再联系到2008年金融危机以来关于影子银行问题的研究成为国内外理论界的热点之一的局面，就引出了本文所要分析的问题：我国信托业是影子银行吗？

信托的本质是什么？信托起源于英国的用益制度，是英国衡平法对法理的最为重要的贡献。从历史的视角来看，早期信托关系的主要目的是规避当时法律关于土地转让、财产继承等的限制以及相应的税收负担。而随着经济的发展，信托保有和转移财产的功能逐渐被资产管理的内涵所取代，开始商业化并获得了巨大发展。我国信托法（2001）的定义是，“本法所称信托，是指委托人基于对受托人的信任，将其财产权委托给受托人，由受托人按委托人的意愿以自己的名义，为受益人的利益或者特定目的，进行管理或者处分的行为。王连洲（2004）认为中国信托制度源自英美法系国家，信托财产的权利主体与利益主体相分离本质要义，在中国制定的《信托法》中，均有所继受和体现，基本上保留了信托制度整体的价值功能与法律构造。江平（2005）从法律角度分析认为信托制度在大规模的财产管理方面提供了其他制度无法替代的功能。

那么，对目前的中国社会来说，信托业是影子银行吗？这个问题需要辩证地分析。在现代市场经济中，资本、技术、劳动力等生产要素的有效结合是微观经济基础健康发展的前提。从积极的角度来看，影子银行所体现的金融创新正好促进了生产要素的有效结合。从影子银行系统运行机制中可以发现，在影子银行系统中，证券化成功地将货币市场和资本市场结合在一起，而资产包中的每一笔贷款，又与实体经济中的个人消费和企业投资紧密结合，因此，影子银行系统是一个跨越了实体经济、货币市场和资本市场的操作平台，这一变化是对传统银行业务的创新。而对我国信托业来说，由于具有跨越货币市场、资本市场和产业领域的功能，在不同的领域进行资源的配置，信托业具有最有利的条件，因此，与影子银行体系的最大价值在于创新相一致，创新也是我国信托业发展的灵魂。因此，如果从影子银行体系正体现了现代金融创新的角度来说，我国的信托业是影子银行。

但是，从监管的角度看，我国目前的信托业却不是美国金融系统中的影子银行。在美国影子银行系统中，由于监管的缺位，导致从初始环节的贷款质量开始，一直到证券化过程的各个步骤，都偏离了正确的发展方向，从而使得整个系统积累起巨大风险，最后崩溃。而对我国信托业来说，目前处于“一法三规”的监管体系下，是不可能像美国影子银行体系那样积累起巨大的风险的。

三、我国信托业的经济价值

在过去的几年时间里，我国信托业快速发展的经济逻辑和价值是什么？根据博迪和莫顿的定义，金融学是研究人们在不确定的环境中如何进行资源的时间配置的学科。但是，正如夏斌（2010）质疑的，这是金融学权威从职能透视角度所定义的金融概念，这个概念高度概括了一个成熟经济体内的成熟金融体系的内容与功能。这能否满足发展中国家特别是像中国这样一个具有“发展中、转轨、非中心货币、大国经济体”诸特征的国家经济发展过程中所需金融支持的要求？

结合图 1 所示的从实体经济到虚拟经济的资产价值链示意图，再对比我国经济转型30年来的实践，会发现在每一步的创新组合过程中，都存在着信息不对称、道德风险、交易费用过高等问题，导致了经济转型的曲折，体现在公司治理不完善、资本市场漠视中小投资者利益等方面。这既有实体经济层面的问题，又有金融层面的问题，还有二者之间结合的问题。而单从金融层面来说，金融体系的改革和创新是不够完善的：利率没有实现市场化、金融服务实体经济的本质没有体现出来、多层次资本市场没有建立起来等。我国现行的金融分业经营、分业监管在一定程度上阻碍了资金在货币、资本和产业市场之间的正常流动，削弱了金融市场有效配置资源的功能。

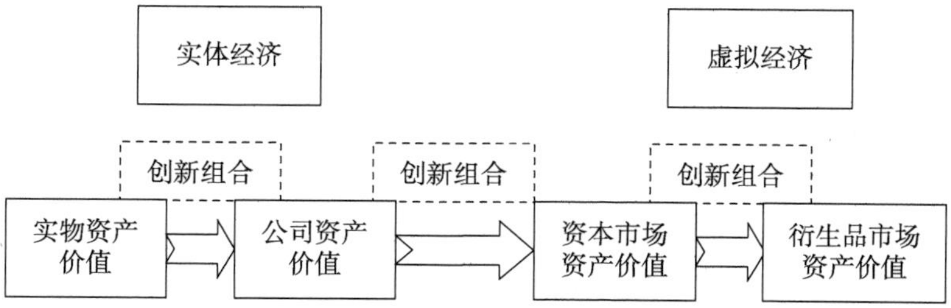

图1　资产价值链示意图

信托业是唯一可以跨越货币市场、资本市场和产业市场的金融子行业，尤其在实业投资领域，信托公司具有独特的制度优势。虽然证券公司也可以通过PE投资实业，但是根据规定主要是利用自有资金进行直接投资，并且所投资的行业等方面受到限制。因此，在信托财产独立性基础上衍生出来的风险隔离、弹性设计和长期管理的信托机制，使得信托公司在我国复杂的经济转型背景下具有发现价值并实现价值的特殊金融功能。在从实体经济到虚拟经济的每一步，信托机制都可以通过参与公司治理、集成不同方面的知识、完善风险控制等措施，在一定程度上克服信息不对称、道德风险、交易费用过高等问题，促进我国经济的顺利转型。这就是目前我国信托业的经济逻辑和价值。实际上，在实践中，我国信托业已经通过自身的定位来践行着其经济价值，如中信信托“综合金融解决方案的提供商、多种金融功能的集成者”的定位就是代表之一。这也就是最近几年我国信托业快速发展的直接原因。

参考文献

[1] 保罗·克鲁格曼.萧条经济学的回归和2008年经济危机 [M].刘波译.北京：中信出版社，2009：152–153.

[2] 李扬.影子银行体系发展与金融创新 [J].中国金融，2011（12）：31–32.

[3] 蒲坚.信托的中国价值 [J].北大商业评论，2010（10）：41–53.

[4] 蒲坚.在促进包容性增长中实现信托价值 [J].学习与研究，2011（1）：73–75.

[5] 辛乔利.影子银行：揭秘一个鲜为人知的金融黑洞 [M].北京：中国经济出版社，2010：6，110–113.

[6] 易宪容、王国刚.美国次贷危机的流动性传导机制的金融分析 [J].金融研究，2010（5）：41–57.

[7] 邢成.关于当前信托业发展的几点看法 [N].21世纪经济报道，2004–07–25.

[8] 邢成.我国信托公司业务模式的二次转型 [J].中国金融，2011（16）：16–17.

[9] 夏斌，陈道富著.中国金融战略：2020 [M].北京：人民出版社，2010：5–6.

[10] 何宝玉.英国信托法原理与判例 [M].北京：法律出版社，2001：13 — 19.

[11] 兹维·博迪，罗伯特·C·莫顿，金融学 [M].伊志宏等译，北京：中国人民大学出版社，2004：P4.

[12] 盛松成.经济危机与经济学的危机 – 2011年诺贝尔经济学奖评析 [J].中国金融，2011（21）：12–13.

[13] 廖强.制度错位与重建：对我国信托业问题的思考 [J].金融研究，2009，(2)：56.

[14] Federal Reserve Bank of New York Staff Reports. Shadow Banking. 2010：11–13.

[15] Gorton，G. and A. Metrick. Regulating the Shadow Banking System，Brookings Papers on Economic Activity，FALL 2010：261–312.

[16] FSB：Shadow Banking：Scoping the Issues，Press Release，2011.

[17] Gross，B. Beware our shadow banking system [DB/OL]. Available at http：//money.cnn.com/2007/11/27/news/newsmakers/gross_banking.fortune/index.htm.

[18] Geithner，T.F. Reducing Systemic Risk in a Dynamic Financial System [DB/OL]. Available at http：//www.newyorkfed.org/newsevents/speeches/2008/tfg080609.html.

[19] Robert C. Merton. A Functional Perspective of Financial Intermediation，Financial Management，Vol. 24，No. 2，Silver Anniversary Commemoration（Summer，1995），pp. 23–41

第二章　2006年至2017年我国信托业的金融逻辑

从2006年至2017年，在分业格局下，我国资金信托业务快速增长的金融逻辑是什么？2006年至2017年的信托资金业务与2001年《信托法》颁布前的“类银行”业务有何不同？对我国经济来说，信托业有何功能？其风险如何？怎么对治？

一、信托业快速增长期我国金融体系的状况

20世纪后期，金融创新快速发展，金融工具层出不穷，不同类型金融机构之间的传统界限越来越模糊。在此背景下，Merton（1995）提出了基于金融市场和金融中介的功能观点的金融体系改革理论，即“功能观点”[1]。“功能观点”包括以下两个方面的基本假设：金融功能比金融机构更稳定；金融机构的功能比金融机构的组织结构更重要。从功能观点看，首先要确定金融体系应具备哪些经济功能，然后再去寻找一种最好的组织机构。而一种组织机构是否最好，又要取决于时机和技术。金融系统主要提供六项基本的核心功能：在时间和空间上转移资源、管理风险、清算和支付结算、储备资源和分割股份、提供信息、解决激励问题[2]。

（一）我国金融体系应该具备的功能

根据博迪和莫顿的定义，金融学是研究人们在不确定的环境中如何进

行资源的时间配置的学科。这个概念高度概括了一个成熟经济体内的金融体系的功能。然而，这能否满足像中国这样一个发展中大国经济体在转型过程中所需的金融支持呢？

从国内环境来分析，我国经济转型30年来的实践中，信息不对称、寻租、道德风险、交易费用过高等问题处处存在，从而导致了经济转型的曲折，具体体现在公司治理不完善、资本市场漠视中小投资者利益等方面。

从外部环境来分析，在经济转型30年后，我国经济和社会的发展逻辑出现变化，“十二五”规划《建议》基本逻辑的转变就是证明：以往的《建议》假设经济全球化处于黄金期，外部经济环境是给定不变的，因此更偏重提高供给体系的效率；而国际金融危机发生以后，发达国家消费低迷、失业率居高不下、政府公共债务危机越来越严重，我国出口已经不能拉动经济增长，因此，“十二五”规划《建议》更重视国内市场需求问题，要解决的核心问题是，使中国的广大中低收入者逐步转变为中等收入者，以其消费能力为支撑，使中国逐步成为国内市场规模位居世界前列的国家。作出这种战略选择主要是为了实现三位一体的目标：通过国内市场规模的扩大，尽快形成新的经济增长动力源；使社会各个阶层的群体都能够公平地享受发展的成果，实现共同富裕；为世界经济再平衡作出贡献[3]。

在这种内外环境中，我国经济的转型和发展需要什么样的金融支持？或者说，我国金融体系的运行应该具备什么样的功能？规范来分析，就是：在不规范的转型市场经济中，通过金融体系的运行，在时间和空间上转移资源和管理风险，来满足居民理财需求、提升金融功能、促进实体经济发展和居民财产性收入提高，进而形成良性循环（见图1）。这正好与“十二五”规划《建议》的基本逻辑相一致。

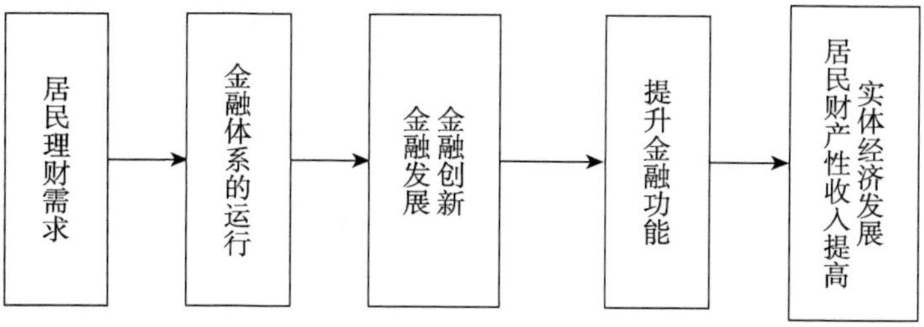

图 1　我国金融体系应该具备的功能

（二）现实中我国金融体系的实际情况

我国现有的金融系统却不能有效发挥出配置资源的功能。从整体情况来分析，我国现行的金融分业经营、分业监管在一定程度上阻碍了资金在货币、资本和产业市场之间的正常流动，削弱了金融体系有效配置资源的功能。我国实行分业经营体制的初衷是为了分散经营风险，规范银行运作，在股市操作不规范、风险较大的情况下，阻断银行资金大量进入股市的渠道，解决金融秩序混乱的问题。但是，其负面作用是不能有效发挥出图 1 所示的金融体系应该具备的功能，这具体地可以从银行业和证券业两个金融子行业来进行分析。

首先，我国银行业将实施巴塞尔协议Ⅲ，新监管规则将对银行资本数量和资本质量以及内部风险管理提出更高要求。2008 年以来的金融危机促使金融监管当局反思监管框架，对巴塞尔协议Ⅱ的争议和反思直接推动了巴塞尔协议Ⅲ的迅速出台。巴塞尔协议Ⅲ对银行资本负担的增加非常明显，将总资本要求从 8% 提高到 10.5%，核心资本率从 4% 提高到 6%，增加 0 ~ 2.5% 普通股权益的逆周期资本缓冲，规定了不低于 3% 的杠杆率等。成员国将从 2013 年 1 月 1 日开始执行新协议，并且必须在此日期之前将新协议规则写入国家法律规范和相关规定当中。各项规则的最终落实期虽有所不同，但最晚于 2019 年 1 月 1 日实施。随着新监管规则的实施，银行所面临的资本压力也会达到前所未有的高度。沉重的监管资本负担促使银行不断进行金融创新，以寻求释放资本和拓展盈利的新渠道，表外业务迅速开展，并对贷款表现出明显替代效应。

但是，银行业的理财业务风险较大。截至2011年末，银行业金融机构表外业务（含委托贷款和委托投资）余额为39.16万亿元，为表内总资产的35. 1%，同比增加5.96万亿元，增长17. 98%。虽然这有利于拓宽融资渠道，满足居民财富管理的需求，但是，也出现了短期理财产品发行量较大、超短期理财产品预期收益率过高、采取混合资产池投资操作等现象，不规范的理财经营活动增加了银行的风险，干扰了金融市场秩序[4]。

就银行业来说，其他问题还有：①在利率管制的格局下，不能为居民提供满意的利率。为了不让资金缩水，居民必须寻找存款以外的其他手段；②我国以间接融资为主的融资格局短期内难以改变，实体经济资金来源将主要依赖银行贷款，这对银行资本形成较大消耗，增大了银行业的资本补充压力；③随着银行业改革红利逐渐消失，经营环境日趋复杂多变，不良贷款反弹压力加大，近年来的盈利高增长局面将难以持续。截至2011年末，银行业金融机构各项存款增速比上年末低6. 3个百分点。

其次，就证券业来说，表面上看，经过20多年的发展，中国资本市场已经成为全球第二大市值的市场，在规模、结构、功能和对经济社会的影响力等方面都发挥了重要作用。截至2011年末，证券公司总资产为9010.9亿元，同比增加近1397亿元，增长18. 3%。然而，若包含客户资产（客户资金存款+客户备付金），证券公司总资产为15727. 58亿元，同比减少3958.55亿元，降幅为20.11%。这实际上反映了A股市场最近几年所呈现出的熊冠全球走势，2012年上半年的走势同样不容乐观。在亏钱效应下，投资者纷纷用脚投票，选择了离开资本市场。

吴晓求曾经撰文指出，未来10年中国资本市场发展的战略目标是：到2020年，以上海——深圳资本市场为轴心的中国资本市场将成为全球最具影响力的金融市场增长极，并将上海建设成为全球新的国际金融中心，以此为基础全面推动中国金融体系的现代化、市场化和国际化[5]。然而，如果中国资本市场不能解决“内幕交易层出不穷、上市公司圈钱成瘾、中小散户屡战屡败”的尴尬局面，中国资本市场很难得到彻底的大发展。美国资本市场，算作成熟的世界一流的资本市场，其年均回报率大概在7%左右。但是，中国的A股市场，2011年有超过7成的股民出现亏损，2012年以来股市行情不佳，投资者的回报率更是不容乐观。

整体来看，我国金融体系应该具备图1所示的功能，才能满足我国经济发展的需要；而从现实来看，我国现行的金融分业经营格局在一定程度上削弱了金融体系有效配置资源的功能，银行业和证券业都是如此。夏斌、陈道富（2012）在《中国金融战略2020》中指出，相对于国际金融环境，目前我国金融现实的最大特征是：“金融滞后”与“金融弱国”。金融严重滞后于实体经济发展需要，集中归纳表现为存在于中国经济运行中突出的三大矛盾性特征：一是投资不足与产能过剩并存，金融资源优化配置功能明显不足；二是货币供应过多，“货币迷失”与资本化不足、金融抑制严重并存；三是对外的大量金融投资与较高水平的FDI并存，表明在国际资金大循环中，总体金融效率低下[6]。因此，客观上在银行业和证券业之外还需要一类金融机构，来提升我国金融体系的整体功能。也就是说，在银行业存款利率较低、考虑通货膨胀因素时甚至为负，资本市场又没有投资价值的现实环境里，而居民又存在着切实的理财需求时，信托业需要快速发展起来。

二、刚性兑付规则下我国信托业的金融逻辑

分析我国信托业的金融逻辑，可以从信托业自身和金融体系整体这两个角度来进行。

从信托业自身来分析，主要有两个方面。首先，“一法三规”在我国

信托业的定位、业务范围、信托财产的应用、风险防范方面，都进行了严格规定，从而促使我国信托业走上了稳健的发展道路。如根据 2001 年《信托法》第四条，“受托人采取信托机构形式从事信托活动，其组织和管理由国务院制定具体办法”；根据我国《信托公司集合资金信托计划管理办法》（2007）第二条的规定，“在中华人民共和国境内设立集合资金信托计划，由信托公司担任受托人，按照委托人意愿，为受益人的利益，将两个以上（含两个）委托人交付的资金进行集中管理、运用或处分的资金信托业务活动，适用本办法”；根据我国《信托公司管理办法》（2007）第二条的规定，“本办法所称信托公司，是指依照《中华人民共和国公司法》和本办法设立的主要经营信托业务的金融机构。本办法所称信托业务，是指信托公司以营业和收取报酬为目的，以受托人身份承诺信托和处理信托事务的经营行为。”

我国信托公司的业务范围，《信托公司管理办法》（2007）第十六条也做出了明确规定，“信托公司可以申请经营下列部分或者全部本外币业务：资金信托；动产信托；不动产信托；有价证券信托；其他财产或财产权信托；作为投资基金或者基金管理公司的发起人从事投资基金业务；经营企业资产的重组、购并及项目融资、公司理财、财务顾问等业务；受托经营国务院有关部门批准的证券承销业务；办理居间、咨询、资信调查等业务；代保管及保管箱业务；法律法规规定或中国银行保险监督管理委员会批准的其他业务。”

信托财产的运用方式方面，监管层也进行了明确规定。《信托公司管理办法》（2007）第十九条规定，“信托公司管理运用或处分信托财产时，可以依照信托文件的约定，采取投资、出售、存放同业、买入返售、租赁、贷款等方式进行。”《信托公司集合资金信托计划管理办法》（2007）第二十五条规定，“信托资金可以进行组合运用，组合运用应有明确的运用范围和投资比例。”第二十六条规定，“信托公司可以运用债权、股权、物权及其他可行方式运用信托资金。”

风险防范方面，《信托公司净资本管理办法》（2010）第五条规定，“信托公司应当根据自身资产结构和业务开展情况，建立动态的净资本管理机制，确保净资本等各项风险控制指标符合规定标准。”第十条规定，“信托公司计算净资本时，应当将不同科目中核算的同类资产合并计算，按照资产的属性统一进行风险调整。”

其次，信托业刚性兑付的约束，提升了整个行业的信任度。其实，刚性兑付并不是有关法规规定的，甚至与相关法规的规定相反。如《信托公司集合资金信托计划管理办法》（2007）第八条规定，“信托公司推介信托计划时，不得以任何方式承诺信托资金不受损失，或者以任何方式承诺信托资金的最低收益”。但是，在 2004 年金新信托公司“乳品信托计划”失败后，监管部门强调在信托产品到期时，信托公司应完整地兑付给投资者资金，并将其作为监管评价的重要指标。例如，《关于加强信托公司房地产、证券业务监管有关问题的通知（银监办发［2008］265 号）第 4 条规定：对集合信托项目和银信合作信托项目，各银监局应在项目到期前两个月介入，督促信托公司做好兑付资金准备工作。对可能存在兑付风险的信托项目，应及时制定风险处置预案，并专项报告银监会。”由此形成了信托公司必须向投资者完整兑付信托资金的刚性约束。实际上，刚性兑付可以理解成我国市场经济过渡时期的一种临时机制安排，虽然不符合法规，但是，却合乎金融乃至信托“金融普惠”的精神，对我国金融体系功能的发挥，起到了至关重要的保障作用。

从金融体系整体角度来说，在突破金融抑制的过程中，我国金融体系的改革和创新是不够完善的，金融分业经营、分业监管在一定程度上阻碍了资金在货币、资本和产业市场之间的正常流动。而根据“一法三规”，信托业是唯一可以跨越货币市场、资本市场和产业市场的金融子行业，尤其在实业投资领域，信托公司具有独特的制度优势。因此，在信托财产独立性基础上衍生出来的风险隔离、弹性设计和长期管理的信托机制，使得信托公司在我国复杂的经济转型背景下具有发现价值并实现价值的特殊金融功能。在这种背景下，监管层引导着信托业的良性发展，具有两方面的好处（见图2）：一方面，可以在一定程度上弥补分业格局抑制资金融通的弊端，通过单一资金信托，打通银行业和信托业的资金融通业务，当然也要防范银信合作的风险；另一方面，通过集合资金信托计划，信托公司自身也能完成图1所示的我国金融体系应该具备的功能。其操作步骤是：由信托公司通过两次委托代理的方式，即先将多个委托人交付的资金进行集中管理，实现产权委托的代理关系；然后信托公司采用股权、债权、夹层等多种金融工具把集合资金投资到目标企业或项目，实现经营性委托的代理关系，满足交易对手的资金需求。同时，信托公司代表着众多委托人的权利和利益，对目标企业或项目的经营进行监督，甚至深入参与公司治理，通过知识集成、智慧集成和资源集成，帮助目标企业实现经营上的飞跃，并且掌握其具体经营情况，从而有效地把决策权、监督权、知情权融为一体。信托计划到期后，信托公司将获得的收益转交给受益人。上述整个过程圆满体现了“十二五”规划《建议》的基本逻辑，使委托人获得了财产性收入，提高了消费能力，扩大了国内市场规模，从而将会实现经济发展的良性循环（见图3）。

因此，随着我国信托业的正面形象逐步树立起来，居民在利率极低、资本市场低迷的背景下，通过信托公司的集合资金信托计划来进行理财，是理智的选择，这也是近6年来我国信托业管理资产迅速增长的金融逻辑。同时，由于刚性兑付的存在，使得居民的理财资金得到了安全的保障，这也说明，虽然现在的信托资金运用仍然出现“贷款化”倾向，但这与2001年《信托法》颁布前的“类银行”业务有根本的不同，理财资金的风险，主要由信托公司来承担和防范。

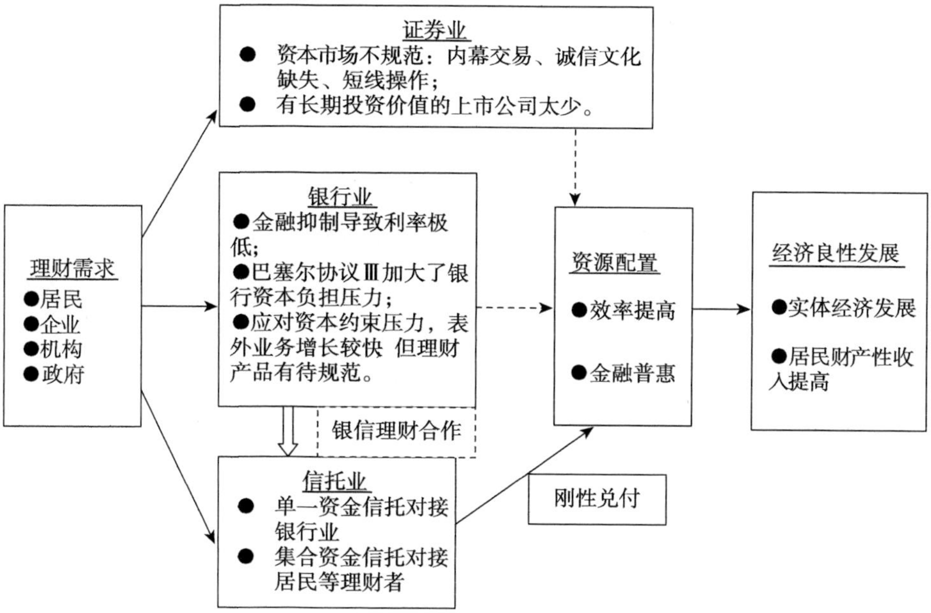

图 2　我国信托业的金融逻辑

注：图中虚线表示资源配置效果不佳

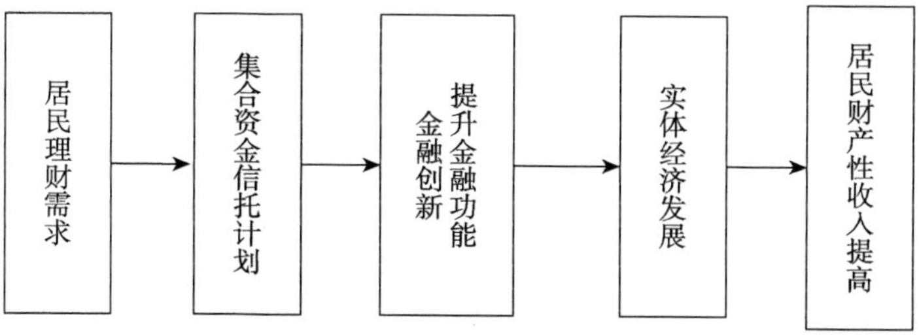

图 3　我国信托公司集合资金信托计划功能

三、快速增长期我国信托业的风险防范

反过来，如果处理不好，我国信托业的运营也蕴含着极大的风险。就信托公司的业务来分析，信托资金的配置还没有达到理想结构。本部分是研究 2006 年至 2017 年间高速增长时期的我国信托业，因此，此处选择处

于中间年份的2012年上半年的数据作为分析的依据。2012年二季度末，贷款仍是资金信托运用的主要方式，占比为39.79%，长期股权投资仅占12.73%（见表1）。从资金投向来看，基础产业、房地产、工商企业、金融机构分别占比为22.62%、12.81%、24.39%、12.07%，信托资金的投向涉及实体经济、货币市场和资本市场。在房地产市场处于严厉调控、经济增长速度下降的背景下，信托业面对的行业风险和系统性风险都不容忽视。

表1　2012年2季度末我国信托业资金信托投向统计

单位：万元、%

资金信托（截至2012年2季度末数据）			52691.59亿元		
按运用方式划分：			按投向划分：		
贷款	余额	209652452	基础产业	余额	119184474
	占比	39.79%		占比	22.62%
交易性金融资产投资	余额	43890477	房地产	余额	67514875
	占比	8.33%		占比	12.81%
可供出售及持有至到期投资	余额	84380427	证券市场（股票）	余额	18193727
	占比	16.01%		占比	3.45%
长期股权投资	余额	67098695	证券市场（基金）	余额	3600244
	占比	12.73%		占比	0.68%
租赁	余额	1273531	证券市场（债券）	余额	31336010
	占比	0.24%		占比	5.95%
买入返售	余额	12057267	金融机构	余额	63620269
	占比	2.29%		占比	12.07%
存放同业	余额	56394866	工商企业	余额	128504400
	占比	10.70%		占比	24.39%
其他	余额	52168187	其他	余额	94961902
	占比	9.90%		占比	18.02%

数据来源：中国信托业协会

说明：选择2006年—2017年中间年份的2012年上半年的数据

表2 2012年2季度末我国信托业特色业务统计

特色业务：					单位：万元、%
银信合作	余额	176922139	PE	余额	4135472.52
	占比	31.95%		占比	0.75%
信政合作	余额	32543184	基金化房地产信托	余额	4079635.13
	占比	5.88%		占比	0.74%
私募基金合作	余额	20153143	QDII	余额	178154.98
	占比	3.64%		占比	0.03%

数据来源：中国信托业协会

说明：选择2006年—2017年中间年份的2012年上半年的数据

从表2看出，银信合作占比达到31.95%。在银信合作贷款业务中，信托公司主要起通道作用，体现不出主动管理能力，不利于长远发展。

应对风险的对策方面，需要政府的立法、监管和金融机构自身的能力提升及风险控制相结合的综合风险对治框架。具体地，应该采取如下措施：

首先，需要政府“顶层设计”来理顺各种政策法规，消除不合理的政策限制，完善信托财产登记等基础制度。对具体的各类业务，要结合行业特点进行有针对性的监管。如对银信合作产品，为了控制信贷规模，2010年8月银监会发布了《关于规范银信理财合作业务有关事项的通知》，限定银信产品中用于贷款的比例不得超过30%；2011年1月银监会发布了《关于进一步规范银信理财合作业务的通知》，要求贷款类银信产品余额在2011年每季至少压缩25%。对于房地产信托贷款业务，2010年11月，银监会发布了《关于信托公司房地产信托业务风险提示的通知》，要求信托公司检查其发放贷款的房地产开发项目是否满足“四证”齐全、开发商或其控股股东具备二级资质、项目资本金比例达到国家最低要求等条件；第一还款来源充足性、可靠性评价；抵质押等担保措施情况及评价；项目到期偿付能力评价及风险处置预案等内容。这种监管，应该成为常态，以定期监控、把握、防范和化解行业风险和系统性风险。

其次，对信托公司来说，要加强自身的能力，包括知识集成和智慧集成能力等，以胜任实践的需要。具体展开分析的话，包括六个要点：（1）深刻领会信托的本质——金融普惠、信托为民；（2）洞察我国居民的理财需求，提供相对于银行、证券和保险等金融子行业有竞争力的理财产品；（3）根据公司自身的优势，对自身业务进行适当定位，或者综合发展，或者专业突破，把握信托财产运用领域所处的整个产业链条的价值增值点；（4）根据交易对手的特征，分析其信息不对称、公司治理的完善程度等具体指标，来确定参与交易对手公司治理的方式和程度，或者100%控股，或者仅是债权性融资，或者夹层融资；（5）深入调研交易对手所在地的政府规划、产业特征、自然地理、人文历史风貌、消费习惯能力等，把握“天时、地利、人和”；（6）完善自身的公司治理、风险控制体系、研发和营销体系，增强综合能力。

参考文献

[1] Robert C. Merton. A Functional Perspective of Financial Intermediation, Financial Management, Vol. 24, No. 2, Silver Anniversary Commemoration (Summer, 1995), pp. 23–41.

[2] 兹维·博迪，罗伯特·C·莫顿，金融学［M］. 伊志宏等译，北京：中国人民大学出版社，2004. 24–30.

[3] 刘鹤. 提高中等收入者比重和扩大国内市场：“十二五”规划《建议》的基本逻辑［J］. 吴敬琏主编：比较，北京：中信出版社，2011年第54辑：1–5.

[4] 中国人民银行金融稳定分析小组. 中国金融稳定报告.2012［M］. 北京：中国金融出版社，2012. 19–45.

[5] 吴晓求. 中国资本市场未来10年发展的战略目标与政策重心［J］. 中国人民大学学报，2012,（2）：32–40.

[6] 夏斌，陈道富著. 中国金融战略：2020［M］. 北京：人民出版社，2010. 143–152.

第三章　“刚性兑付”困局，岂能一破了之?

2006 年至 2017 年，“刚性兑付”规则推动了理财产品的快速发展，但是，该规则违背了相关法规的精神。管理部门的监管导向及金融机构维护其信誉的动机是其主要成因。面对严峻的兑付危机，打破该规则的观点越来越成为主流。其实，在我国目前的金融环境中，该规则的影响是利弊皆有。借鉴日本信托业的经验，可以在限制规模和严格控制风险的前提下推动“刚性兑付”制度化，但一定不能成为主流。对金融体系进行“顶层设计”及制度建设是破解我国“刚性兑付”困局的根本对策，其要点在于统一理财业务所遵循的规则，目的是在居民理财资金和实体经济发展之间起到金融系统应有的资金融通功能。

一、“刚性兑付”的概念及成因

近年来，信托理财产品“刚性兑付”规则受到了严峻挑战，多家信托公司的个别信托产品都发生了不同程度的兑付风险。“刚性兑付”规则成为政府、金融机构和投资者等各方面都异常关注的焦点问题之一。那么，“刚性兑付”规则为什么会形成？它有什么样的利弊影响？应该怎样化解？能“一破了之”吗？

（一）“刚性兑付”的概念

“刚性兑付”规则推动了理财产品的快速发展。目前，商业银行非保本理财、信托理财、证券公司专户资产管理和基金子公司资产管理产品都存在刚性兑付现象。“刚性兑付”是指当理财资金出现风险、产品可能违约或达不到预期收益时，作为发行方或渠道方的商业银行、信托公司、保险机构等为维护自身声誉，通过寻求第三方机构接盘、用自有资金先行垫款、给予投资者价值补偿等方式保证理财产品本金和收益的兑付（中国人民银行金融稳定分析小组，2014）[1]。该定义指出了“刚性兑付”的主体是包括银行、信托公司和保险机构在内的广义上的金融机构，同时也指出了目前“刚性兑付”的几种方法，包括第三方机构接盘、用自有资金先行垫付投资者、给予投资者价值补偿等。2013 年底四家资产管理公司收购信托资产余额近千亿的做法，就是第三方机构接盘的方式，由此保证了出现兑付危机的多家信托公司都完成了对投资者的兑付。

“刚性兑付”规则并不是有关法规规定的，甚至违背了相关法规的精神。如《信托公司集合资金信托计划管理办法》（2007）第八条明文规定，信托公司推介信托计划时，不得以任何方式承诺信托资金不受损失，或者以任何方式承诺信托资金的最低收益。

《信托公司管理办法》（2007）第三十四条规定，信托公司开展信托业务，不得承诺信托财产不受损失或者保证最低收益。《信托公司集合资金信托计划管理办法》（2007）第十一条规定，认购风险申明书至少应当包含：信托计划不承诺保本和最低收益，具有一定的投资风险，适合风险识别、评估、承受能力较强的合格投资者。第十四条规定，信托公司依据信托合同约定管理信托财产所产生的风险，由信托财产承担。信托公司因违背信托合同、处理信托事务不当而造成信托财产损失的，由信托公司以固有财产赔偿；不足赔偿时，由投资者自担。

（二）“刚性兑付”的成因

在实务中，从投资合同上看，投资者也是自行承担投资风险，金融机构不承担刚性兑付责任。但是，2013 年曾有多家信托公司出现产品兑付危机，最终都遵守了刚性兑付规则。那么，“刚性兑付”规则是怎么形成的呢？

管理部门的监管导向是其成因之一。在 2004 年金新信托公司“乳品信托计划”失败后，监管部门强调在信托产品到期时，信托公司应完整地兑付给投资者资金，并将其作为监管评价的重要指标。例如，《关于加强信托公司房地产、证券业务监管有关问题的通知（银监办发［2008］265 号）第 4 条就规定，对集合信托项目和银信合作信托项目，各银监局应在项目到期前两个月介入，督促信托公司做好兑付资金准备工作。对可能存在兑付风险的信托项目，应及时制定风险处置预案，并专项报告银监会，由此逐步形成了信托公司必须向投资者完整兑付信托资金的刚性约束潜规则。

金融机构维护其信誉以延续业务也是其成因之一。2008 年金融危机以后，中国政府推出 4 万亿救市计划，从而刺激中国房地产、钢铁、煤炭等行业迅速由下滑改为虚假繁荣，挽救了许多企业的命运，也延续了地方政府对土地财政的依赖，并使得某些金融机构和企业产生了政府不会让房价下跌的幻觉。2012 年后，面对经济增速下滑等种种不确定性，银行限制对房地产等相关行业和地方政府的贷款，在这种背景下，信托融资等影子银行迅速发展起来。这里面的关键是：信托公司等机构认为有土地、不动产和公司股权等融资方资产的抵押和质押，即使出现资产价格下降，下降幅度也不会太大，风险仍然可以通过处置资产进行化解。但是，当抵押的资产存在产权纠纷或者资产处置无法按照预期进行时，现金流就会出现断裂，并进而导致风险敞口的出现。为了维护自身的信誉，并避免被监管机构处罚，在理财产品收益率达不到预期，或出现投资亏损时，金融机构往往会以自有资金进行兜底进行刚性兑付。

另外，投资者群体不够成熟、金融销售机构的误导以及投资者对银行的信任也是“刚性兑付”规则形成的原因。

二、“刚性兑付”规则的利弊

大多数专家都对“刚性兑付”规则持有负面态度，呼吁要打破该规则。总结起来，“刚性兑付”规则的影响主要有：使得投资者对风险不敏感、掩盖了影子银行风险、影响股市发展、提高资金价格等。

“刚性兑付”掩盖了影子银行风险，并成为影子银行发展始终伴随的魔咒（项峥，2014）[2]。特别是一些产品预期收益率过高，完全背离了实体经济所能承受的范围，暗含着巨大的信用风险。如果继续维持刚性兑付规则，影子银行最终将成为无解的难题；而贸然打破，则会引发流动性风险，产生广泛的社会影响，并影响社会稳定。

“刚性兑付”潜规则影响中国股市发展（尹中立，2014）[3]。截至2013年底，仅信托业管理资产的规模就已经超过10万亿元，与股市的实际流通市值差不多。从金融资产定价的内在逻辑分析，信托产品的“刚性兑付”规则提高了市场的“无风险收益率”，扭曲了资金价格，并导致股市的估值降低，从而使得市场资源出现错配。

“刚性兑付”使得投资者对风险不敏感，从而只关注投资收益而忽略了风险，从而使得风险收益不匹配（邹晓梅，2014）[4]。而且，当系统性风险使得刚性兑付无法维持时，投资者就会很快从风险不敏感型转变为风险敏感型，并对其资产进行风险重估，从而争相赎回其投资，引起市场恐慌。因此，应当打破刚性兑付，提高投资者的风险意识。同时，还应区分资产管理者的责任，保护投资者的利益。

我国经济中面临的一个最大问题是资金找不到合适的投资对象，而企业融资又很难很贵（吴晓灵，2014）[5]。这一矛盾很大的原因就在于或明或暗的刚性兑付所导致的资金价格扭曲。由于无风险收益率的提高，甚至使得政府债券也不得不提高成本，这对于实体经济和政府的运作来说都不是有利的。只有让风险暴露，才能降低无风险收益率水平，从而让资金流向所希望的地方。

然而，“刚性兑付”规则也有积极的一面。这是因为，我国现有的金融体系不能有效发挥出配置资源的功能，银行业和证券业都是如此。而“刚性兑付”规则提升了理财产品的信任度，树立了信托业的正面形象。伴随着这个过程，居民在利率极低、资本市场低迷的背景下，选择购买理财产品，是近年来我国信托业迅速发展的金融逻辑[6]。投资者为什么购买理财产品呢？核心原因是金融抑制，正规银行体系的利率被压制。尽管经历了30年的金融市场改革，然而中国金融体系至今距自由市场机制还相差甚远：基准利率仍由中国人民银行监管；资本市场仍然很不发达。对储户来说，实际存款利率极低，事实上经常为负，储户在银行存钱实际上是蒙受损失。因此，公众必须寻找存款和股市投资以外的其他手段保值增值，刚性兑付的理财产品自然受到青睐。

以信托产品为例，在刚性兑付约束下，结合期权思想来分析，这就相当于信托公司付出了一定的期权成本，也就是说，在目前的监管要求下，信托公司要对投资者刚性兑付，以保证投资者的收益。然后，信托公司再通过自身的努力，使投资者的资金产生增值，该增值额只要大于对投资者承诺的刚性兑付成本，信托公司就能获得收益。其运作程序是，信托公司先将多个委托人交付的资金进行集中管理，然后再采用股权、债权等多种金融工具把集合资金投资到目标企业或项目。同时，信托公司代表着众多委托人的权利和利益，对目标企业或项目的经营进行监督，有的项目要深度介入公司治理，帮助目标企业实现经营上的飞跃，使得项目产生增值。信托计划到期后，信托公司将获得的收益中的一部分依据“刚性兑付”给受益人。

在这个过程中，理财成功最关键的因素是信托公司自身的资金管理能力。具体包括：要洞察我国居民的理财需求；根据公司自身优势，对自身业务进行适当定位，或者综合发展，或者专业突破，把握所处产业链条的价值增值点；分析交易对手公司治理的完善程度等具体指标，来确定参与交易对手公司治理的方式和程度，或者100%控股，或者仅是债权性融资，或者夹层融资；深入调研交易对手的产业特征、自然地理、人文历史风貌、消费习惯能力等；完善自身的公司治理、风险控制体系、研发和营销体系，增强综合能力。

如果信托计划失败，导致投资者的资金没有增值，那么，为了维护“刚性兑付”规则，信托公司须以自有资金或者接盘第三方提供的资金对投资者进行兑付。这又实质上违背了市场经济中金融产品的精神，最终演变成了“刚性兑付”困局。

三、化解“刚性兑付”困局的对策

破解“刚性兑付”困局，最直接的是要化解已经到来的信托产品迫在眉睫的兑付危机，并重塑信托业的相关制度。目前，我国经济系统中重点领域的风险变大，地方政府融资平台、房地产和产能过剩行业的风险更是严重，相当比重的理财资金最终流向这些领域。陈赤（2014）建议借鉴日本信托业的经验，在限制规模的前提下推动部分“刚性兑付”制度化[7]。日本《信托业法》允许信托公司与投资者订立弥补合同来补偿其本金，信托公司在实务中也是如此运作的，但前提是信托公司必须有足够覆盖风险的净资本。我国信托业也可以净资本管理为前提，同时配以严格审批、限制规模、提取足额拨备等监管手段，使“刚性兑付”制度化。这样做，既可以保护投资者的资金安全，又可以发挥信托公司理财能力的长处，又可以严格控制风险。更重要的是，由于严格控制规模，使得“刚性兑付”不会演变成系统性风险。诚然，无论如何，“刚性兑付”不能成为理财产品的主流，那样就会违背金融产品风险收益匹配的基本原则，并带来种种弊端。

就信托制度来讲，这仅是一种兼具风险隔离功能和财产管理功能的特殊工具，应该由所有金融子行业在开展资产管理业务时运用（刘迎霜，2014）[8]。目前，在我国分业经营体制中，把信托作为金融子行业，规定由信托公司专营信托业务，并没有科学依据，无益于金融系统安全，却有损金融效率。

而破解理财产品“刚性兑付”困局的长久之计，则是从金融市场整体角度来探求治本之策。20 世纪后期，在金融创新飞速发展、金融机构不断融合的背景下，Merton（1995）提出了“功能观点”。从功能观点看，首先要确定金融体系应具备哪些经济功能，然后再去寻找一种最好的组织机构。而一种组织机构是否最好，又要取决于时机和技术。

从理论上讲，我国金融体系应该能够在时间和空间上转移资源和管理风险，满足居民理财需求、提升金融功能、促进实体经济发展和居民财产性收入提高，进而形成良性循环。然而，我国现行的金融分业经营、分业监管在一定程度上阻碍了资金在货币、资本和产业市场之间的正常流动，削弱了金融体系有效配置资源的功能。我国实行分业经营体制的初衷是为了解决金融秩序混乱，分散经营风险，阻断银行资金大量进入不规范的股市。但是，其负面作用却越来越大，导致不能有效发挥出金融体系应该具备的功能，实体经济发展得不到金融体系的有力支持。

目前，我国金融体系最大的问题是资金空转。在分业的格局下，出于现实的需要，各金融行业之间的同业业务迅速发展起来，主要包括同业拆借、同业存款、同业借款、同业代付、买入返售（卖出回购）、同业投资等相关业务。由于银行、证券、信托和保险业的理财产品之间缺乏统一的监管标准，彼此间很容易形成监管套利，导致金融体系中资金空转现象。同时，由于同业业务具有不缴存款准备金、节约资本和拨备、不受存贷比约束等特点，部分银行机构通过同业业务规避宏观调控和监管要求。例如，商业银行通过表内资产表外化来规避金融监管，将资金投向宏观调控限制行业和领域。另外，金融机构间部分同业业务通过多层“通道”包装，结构复杂，资金划转频繁，造成金融机构整体资产规模虚增，极易引发交叉性风险传染。例如，证券公司与银行合作开展的定向资产管理业务（即银证通业务），就属于跨市场、跨行业的交叉金融业务，其风险具有传导性、隐蔽性。

对金融体系进行“顶层设计”及制度建设是破解我国“刚性兑付”困局的治本之策。其要点在于统一理财业务所应该遵循的规则，其目的是把金融体系内资金空转降到合理水平，从而在居民理财资金和实体经济发展之间起到金融系统应有的资金融通功能。

另外，监管方面，要加强金融监管部门之间的沟通协作，充分发挥“一行三会”金融监管协作平台的作用，建立统一的理财产品市场统计及风险预警系统，及时监测和评估跨市场、跨行业、跨区域的理财产品风险。

参考文献

[1] 中国人民银行金融稳定分析小组．中国金融稳定报告.2014［M］．北京：中国金融出版社，2014. 129，42–43.

[2] 项峥．“刚性兑付”难掩影子银行风险［J］．中国经济周刊，2014，(6)：18.

[3] 尹中立．“刚性兑付”潜规则妨碍中国股市发展［J］．金融博览（财富），2014，(4)：26–27.

[4] 邹晓梅．刚性兑付不应持续［J］．中国金融，2014，(8)：52–55.

[5] 吴晓灵．打破刚性兑付让资金流向实体［J］．金融博览，2014，(7)：39.

[6] 李将军．中国信托业的金融逻辑、功能和风险防范［J］．财经理论与实践，2013，(2)：6–11.

[7] 陈赤. 信托“刚性兑付”的化解之道 [J]. 金融博览（财富），2014,（4）：28-30.
[8] 刘迎霜. 金融信托：金融行业抑或制度工具——析“通道型”信托产品之“刚性兑付”[J]. 社会科学研究，2014,（4）：87-92.

第四章　内涵式发展：信托业应对“证保新政”的对策

我国信托业近几年的高速发展，表现出的更多是外延式发展的特征。在刚性兑付的约束下和“证保新政”的竞争冲击下，走内涵式发展道路是信托业的唯一选择。内涵式发展模式的关键是提高信托资产的主动管理能力。

一、信托展业实践体现出更多外延式发展特征

2001 年《信托法》出台，规定信托公司是“受人之托、代人理财”的专业性金融机构。2007 年以来先后颁布的《信托公司管理办法》《信托公司集合资金信托计划管理办法》《信托公司净资本管理办法》，将信托公司定位为“为合格投资者提供资产管理服务的金融中介机构”，提出信托公司发展中的净资本和风险资本约束。

上述“一法三规”赋予了我国信托公司合法的金融机构地位，导致了信托公司的快速发展。在规模高速增长的同时，信托业务结构不够理想，表现出较强的外延式发展特点，即体现不出主动管理能力的“通道类”业务占比太高。外延式发展模式的具体特点，主要有：①从参与程度上说，信托公司不主动地进行项目开发、产品设计及信托资产管理，仅仅是一个通道；②从报酬来说，收益率很低，仅仅收取通道费用；③从经营理念来说，缺乏市场开发能力及创新能力；④从信托产品来说，缺乏附加值和科

技含量；⑤从风险控制来讲，信托公司不去主动控制项目风险，而承担的法律风险又很大。

虽然说，银监会分别在 2010 年 8 月及 2011 年 1 月颁布了《关于规范银信合作理财合作业务有关事项的通知》（72 号文）及《关于进一步规范银信理财合作业务的通知》，强调信托公司应独立自主管理，控制充当银行通道的贷款业务规模，导致了银信合作业务规模的下降，但是，通过在银行与信托公司之间增加一个非银行的过渡机构来规避监管，使得银信合作业务规模在实质上仍然很大，尽管表面上可能是银信合作以外的形式。

二、“证保新政”导致信托业外延式发展不可持续

在我国金融领域，2012 年下半年证监会和保监会推出的一系列新政引起了广泛的关注，并带来了深刻的市场影响，对信托业产生了严重的冲击。因为新政主要由证监会和保监会推出，故本文简称为“证保新政”。下面对“证保新政”的基本情况及其对金融理财市场的影响进行深入分析。

（一）证监会推出的新政

2012 年 5 月召开的券商创新大会上，推出了《关于推进证券公司改革开放、创新发展的思路与措施（征求意见稿）》。对此，有人称之为，“证监会正在重新定义信托”[1]。

当年 9 月 26 日，《基金管理公司特定客户资产管理业务试点办法》颁布。其中第八条全面放开了资产管理业务，规定基金公司可以通过设立资产管理计划为单一客户和为特定的多个客户办理特定资产管理业务；第九条全面扩大了投资领域，包括货币市场、资本市场，以及通过子公司进入实业领域。10 月 31 日，《证券投资基金管理公司子公司管理暂行规定》

颁布。其中第九条对基金子公司的设立规定了不低于2000万元人民币的极低出资要求。

10月18日，《证券公司客户资产管理业务管理办法》及与之配套的《证券公司集合资产管理业务实施细则》和《证券公司定向资产管理业务实施细则》发布并即日施行。该办法以“放松管制，放宽限制”为主旨，对券商资产管理业务作了一系列松绑。《证券公司客户资产管理业务管理办法》第十一条规定，证券公司可以为单一客户办理定向资产管理业务；为多个客户办理集合资产管理业务；为客户办理特定目的的专项资产管理业务。第十四条规定，“证券公司办理集合资产管理业务，可以设立限定性集合资产管理计划和非限定性集合资产管理计划”。对限定性集合资产管理计划来说，资产主要用于金融类产品；而非限定性集合资产管理计划的投资范围则“由集合资产管理合同约定，不受前款规定限制”。第十五条规定主要针对资产证券化业务，几乎等同于信托公司的集合资金信托投资计划。第十八条取消集合计划行政审批，改为事后由证券业协会备案管理。

《证券公司集合资产管理业务实施细则》第十四条扩大了集合计划募集的资金（即面向普通投资者的“大集合”）的投资范围，增加了中期票据、保证收益及保本浮动收益商业银行理财计划；第十五条扩大了限额特定资产管理计划募集的资金（即面向高端投资者的“小集合”）的投资范围，可以投资证券期货交易所交易的投资品种、银行间市场交易的投资品种以及金融监管部门批准或备案发行的金融产品。《证券公司定向资产管理业务实施细则》第二十五条规定，“定向资产管理业务的投资范围由证券公司与客户通过合同约定”，因此，其投资范围完全放开，包括实业领域，几乎等同于信托公司的单一信托计划。

（二）保监会推出的新政

2012年6月，保监会拿出13条保险投资政策在业内征求意见，这一政策几乎涵盖了保险投资所能涉及的所有渠道，包括融资融券、股指期货、境外市场各类金融产品等。新政导向非常明确，从提高保费规模和投资资产收益率两方面促进保险行业稳健发展。

7月，《关于保险资金投资股权和不动产有关问题的通知》等第一批新政出台。保险资金直接投资股权的范围将“增加能源企业、资源企业和与保险业务相关的现代农业企业、新型商贸流通企业的股权，且该股权指向的标的企业应当符合国家宏观政策和产业政策，具有稳定的现金流和良好的经济效益”，从而使保险资金开始进入实业领域。

10月22日和23日，《关于保险资产管理公司有关事项的通知》和《基础设施债权投资计划管理暂行规定》等六项新政密集出台。其中，《关于保险资产管理公司有关事项的通知》第三条规定，“保险资产管理公司作为受托人，可以接受客户委托，以委托人名义，开展资产管理业务，也可以设立资产管理产品，为受益人利益或者特定目的，开展资产管理业务”；第六条规定，“保险资产管理公司可以按照有关规定设立子公司，从事专项资产管理业务，进一步改革完善体制和机制。”这几乎就是信托公司的业务范围。《基础设施债权投资计划管理暂行规定》第二条指出，“本规定所称债权投资计划，是指保险资产管理公司等专业管理机构作为受托人，根据〈管理办法〉和本规定，面向委托人发行受益凭证，募集资金以债权方式投资基础设施项目，按照约定支付预期收益并兑付本金的金融产品。”这个规定允许保险公司可以直接开展信托业务，无须再借道信托公司。

（三）证保新政的市场影响

证保新政的市场影响主要是使得信托业的外延式发展模式不可持续。

第一，新政导致信托公司横跨实体经济、货币市场和资本市场的金牌照优势不复存在。证保新政的主要特征就是放宽限制，证券、基金和保险可以投资的领域越来越多，跨越了货币市场、资本市场和实体经济，越来越接近信托公司的业务范围。

第二，新政导致信托业面临更加严格的限制。新政进一步加剧了金融理财领域的不平等竞争，主要是与券商、基金相比，信托业面临着更加严格的约束，主要体现在：①与基金、券商相比，信托公司无法参与定向增发、融资融券、债券正回购、新股网下申购、金融衍生品（商品期货、国债期货、权证、黄金 T+D 等）等业务，且信托公司 PE 投资在上市退出时仍存在障碍；②信托产品的投资门槛最高。《信托公司集合资金信托计划管理办法》及其修改决定规定，单个信托计划的自然人人数不得超过 50 人，而新政规定证券公司的限额特定资产管理计划及基金公司的多客户特定资产管理业务的投资人上限均是 200 人（见表 1）；③委托人持有的信托受益权虽然在信托合同中约定可以转让，但由于缺少转让平台并限定了受让方资格，信托受益权的流动性功能并未得到有效体现。

表 1　我国金融分业经营下的理财产品对比

产品种类	发行对象要求	监管机构	法律法规	是否允许“保本保息”
证券公司资产管理	定向资产管理：单个客户的资产净值至少 100 万元； 限定性集合资产管理：单个客户的资产净值至少 5 万元； 非限定性集合资产管理：单个客户的资产净值至少 10 万元。 限额特定资产管理计划：募集资金规模在 50 亿元以下；单个客户参与金额不低于 100 万元；客户人数在 200 人以下，但单笔委托金额在 300 万元以上的客户数量不受限制。	证监会	《证券公司客户资产管理业务管理办法》《证券公司集合资产管理业务实施细则》和《证券公司定向资产管理业务实施细则》	不允许

续表

产品种类	发行对象要求	监管机构	法律法规	是否允许“保本保息”
证券投资基金	无限制	证监会	《证券投资基金法》《关于保本基金的指导意见》	不允许或允许
基金公司专户理财业务	单一客户特定资产管理业务：初始资产不得低于3000万元人民币；多客户特定资产管理业务：初始金额不低于100万元人民币，单个资产管理计划的委托人不得超过200人，但单笔委托金额在300万元人民币以上的投资者数量不受限制，客户委托的初始资产合计不得低于3000万元人民币，但不得超过50亿元人民币。	证监会	《基金管理公司特定客户资产管理业务试点办法》	不允许
集合资金信托投资计划	单个信托计划的自然人人数不得超过50人，但单笔委托金额在300万元以上的自然人投资者和合格的机构投资者数量不受限制。	银监会	《信托公司集合资金信托计划管理办法》及其修改决定	不允许，但实质上是“刚性兑付”

第三，新政允许证券公司、基金公司和保险公司都可以开展“通道类”业务，即都可以通过各自的资产管理计划在居民、机构等资金供给方和企业、项目等资金需求方之间进行资金融通，这直接冲击了信托业的类似业务，使得该类业务竞争更加激烈，收益率会快速降低。

更为严重的是，就对信托公司的影响来看，虽然新政的业务模式在实质上与信托业务一样，但是名称中一直没出现“信托”二字，冲击是“有实无名”。但是，“新近提交全国人大审议的《证券投资基金法》（修正案），允许私募基金管理机构采取信托型法律结构，并拓宽其投资范围于未上市企业股权和中国证监会认定的其他资产，实际上赋予了私募基金管理机构以专业领域私募信托业务经营的牌照”[2]。如果该修正案一旦获得通过，无疑将导致信托公司的业务受到更加剧烈的冲击，且该冲击是“名正言顺”。

三、内涵式发展模式的关键和要点

在我国金融理财领域，银行、证券、保险、信托等多种金融机构都在做代人理财业务。吴晓灵认为，现在所有做的资产管理业务就其本质来说都是信托业务。现在以代理和委托的名义做的很多事情，其实是有广泛授权的，这并不是真正的委托代理，而是一种信托业务[3]。从法律角度分析，虽然说在大陆法系中，委托代理与信托非常近似，都可用于财产管理，但是，二者还是有本质的区别：信托关系的受托人以自己的名义，以信托财产权利主体的身份与第三人进行交易；代理人通常以委托人的名义处理受托事务。《证券公司客户资产管理业务管理办法》第三十五条规定，“证券公司代表客户行使集合资产管理计划所拥有证券的权利，履行相应的义务”。因此，这实质上是信托业务。与委托代理比较，信托关系能够更加有效地保护财产的安全：代理关系中，第三人知其为代理人的，第三人有权直接向委托人履行合同义务或行使合同权利；相反，信托的受托人与第三人就信托财产的处分达成协议的，即使第三人知道信托的存在，也不能直接向委托人、受益人履行义务或行使权利[4]。

但是，由于分业经营、分业监管的限制，各部门却制定了不同的规则。对信托业来讲，除了上文提到的以外，还有就是刚性兑付约束。其实，刚性兑付并不是有关法规规定的，甚至与相关法规的规定相反。如《信托公司集合资金信托计划管理办法》(2007)第八条规定，“信托公司推介信托计划时，不得以任何方式承诺信托资金不受损失，或者以任何方式承诺信托资金的最低收益”。但是，在2004年金新信托公司“乳品信托计划”失败后，监管部门强调在信托产品到期时，信托公司应完整地兑付给投资者资金，并将其作为监管评价的重要指标，由此形成了信托公司必须向投资者完整兑付信托资金的刚性约束。

在刚性兑付的约束下和“证保新政”的冲击下，我国信托业面临的经营环境更加严峻。从我国信托业的实践来看，面对不确定的环境，各家信托公司也都在进行探索（见表2）。

表2　我国信托业代表公司的探索

公司名称	经营目标
中信信托	致力于成为信托法规范下综合金融解决方案的提供商和多种金融功能的集成者，以差异化竞争、持续性创新为标志，达成国内领先、综合优势明显、核心竞争力持续的智慧型信托公司。
平安信托	铸就中国私人财富管理第一品牌，打造非资本市场投资竞争优势，实现公司资产规模和盈利快速增长。财富管理，实现客户最多、规模最大；非资本市场投资，建立卓越的投资能力、投资体系和拥有最好的投资人才。
北京信托	以诚信合规、稳健发展为理念，充分发挥信托功能，建成战略清晰、实力雄厚、管理严谨、风控完备、队伍精良、执行得力的卓越信托公司。
华润深国投	以客户为导向，通过持续创新，建立专业专长，为客户持续提供定制化、差异化的综合解决方案，成为领先的金融服务公司。
中融信托	致力于掌握具有核心竞争力的综合化金融服务能力，成为服务于高端私人客户与机构客户的卓越资产管理公司。为此目标，公司将秉承诚信、创新、高效、包容的价值理念，在专业的自主资产管理能力和完善的客户财富服务功能驱动下，构建安全的集成高端私募资产管理和投融资服务模式，为客户提供全面优质的财富与金融服务。
上海信托	以提高信托业务收入、巩固信托行业地位为立足点，以增强自主创新、推进业务转型为切入点，以加强风险控制、优化运营管理为支撑点，深入挖掘市场机会，不断适应监管导向，努力推进业务转型的先发优势，不断提升上海信托核心竞争力。
中诚信托	以个人高端客户和机构投资者需求为核心，加大业务和产品开发力度，着力提升公司资产管理能力和营销能力，进一步完善业务组织模式和风险控制体系，推动公司由融资服务机构向真正的财富管理服务机构转型。

注：根据各家信托公司年报整理而成

上述各家信托公司的公司定位和经营目标是对内涵式发展道路的不同表述。内涵式发展模式的精髓是信托资产的主动管理能力，这是内涵式发展模式的关键所在。也就是说，在项目的选择、产品的设计、交易结构安排以及风险控制等方面，信托公司均发挥主导作用。这是因为，面对新政的冲击，相对于银行、证券和保险等其他金融机构，只有提供差别化的产品和服务，信托公司才能满足居民理财需求，才能拥有自己的业务空间和发展优势。

具体展开分析的话，内涵式发展模式包括六个要点：

第一，目前我国财产信托业务只占很少的比例，信托公司的业务主要集中于资金信托，更多的是履行金融职能。从长远来看，财产权的传承、管理和收益的分配，代表着信托的本源，有着天然的优势，所以，信托公司既要做好眼前的资金信托业务，又要着眼于长远的财产信托业务布局。

第二，在各类金融机构全面介入资产管理市场的情况下，信托业要保持差异化的产品定位和竞争优势，与其他金融子行业实现优势互补，提高自身创新能力，实现产品全面升级，化“危”为“机”。

第三，经过连续的重组购并之后，信托业的主要信托公司已经形成了央企系、金融系和地方系三大主要板块。信托公司应当根据自身特点进行业务定位，或者综合发展，或者专业突破，把握信托财产运用领域所处的整个产业链条的价值增值点。

央企系的信托公司可以结合其大股东的产业链，将自身业务与其紧密结合，整合优势资源来创造价值。金融系的信托公司可以充分发挥集团的协作优势，找到自身的定位。地方系的信托公司可以紧密结合地方资源优势，紧密围绕基础设施投融资、公用设施投融资以及“城中村”改造、新农村建设等进行经营。实力强的信托公司可以综合发展、全面推进。

第四，深入调研交易对手的经营环境，适度参与交易对手的公司治理，或者100%控股，或者仅是债权性融资，或者夹层融资。在我国经济转型过程中，由于市场不成熟，广泛存在着信息不对称、道德风险、交易费用过高等问题，导致了经济行为扭曲。信托公司为了降低风险，应当适当参与交易对手的公司治理。

第五，信托资产的主动管理，将信托与某个产业链结合发现价值并创造价值，这离不开高素质的、知识全面的员工。要挖掘内部潜力，通过定期的培训、学习等方式来提高员工素质，同时适度引进“外脑”，建立平衡的人才结构。

第六，信托业务横跨货币市场、资本市场、实业领域，信托公司面对的风险具有更高的复杂性。要在风险控制、合规经营与信托产品创新之间寻求平衡，不断开发新的产品与服务，探索新的商业模式，满足用户需求。

参考文献

[1] 郑智，张力. 证监会重新定义“信托”泛资产管理行业硝烟四起 [N]. 21 世纪经济报道，2012–6–9.

[2] 周小明.“泛资产管理时代”的挑战与机遇：2012 年 3 季度中国信托业发展评析 [DB/OL]. 中国信托业协会网站.

[3] 吴晓灵. 信托公司的定位与发展空间 [A]. 中国信托业协会编. 中国信托业年鉴 2010–2011 [C]. 北京：中国金融出版社，2011.371–376.

[4] 何宝玉. 信托法原理研究 [M]. 北京：中国政法大学出版社，2005. 19.

下篇

2018 年以后信托业的转型发展新思维

第五章　基于蓝海战略的信托业应对“资管新规”策略

在对 1880 年到 2000 年 30 多个产业中发生的 150 次战略行动进行深入研究的基础上，W · 钱 · 金和勒妮 · 莫博涅提出了“蓝海战略”。该理论认为，企业要赢得未来，需要开创“蓝海”，即蕴含庞大需求的新市场空间，而不是靠与对手在同质化、低利润的“红海”进行无意义的竞争。2018 年来的“资管新规”导致我国信托业正处于战略转型的关键时期，亟须开创资产管理业务的“新蓝海”。

从 2006 年到 2017 年四季度末，我国信托业管理资产规模高速扩张，规模从 3500 亿元扩张到 26.25 万亿元。然而，2018 年以来，为了统一监管各金融机构的资产管理业务，监管部门出台了一系列政策，对我国资产管理业务进行了规范。伴随着这个过程，我国信托业管理资产规模迎来拐点，2018 年一季度末、二季度末、三季度末和四季度末规模分别为 25.61 万亿元、24.27 万亿元、23.14 万亿元和 22.7 万亿元，下降趋势非常明显。另外，根据《商业银行理财业务监督管理办法》（2018）及《商业银行理财子公司管理办法》（2018）的规定，商业银行理财子公司的业务范围既包括公募，又包括私募，导致信托业的制度优势明显弱化，并面临着较大的竞争压力。本文基于“蓝海战略”理论，对我国信托业应对“资管新规”的策略进行研究。

一、金融资产管理领域“红海”现状

W·钱·金和勒妮·莫博涅指出，市场天地由两种空间组成：红海和蓝海。红海代表已知的市场空间；蓝海代表未知的市场空间。在红海中，产业界限已经被划定，竞争规则已经被广泛接受，竞争日益激烈，盈利越来越困难。对比明显的是，蓝海区域竞争规则还未确定，利润增长空间广阔[1]。

近年来，信托、银行、证券、基金等机构的资产管理业务快速发展。截至2018年度末，信托业资金信托余额为18.94万亿元；银行理财产品余额为32万亿元；证券公司、期货公司、基金公司及其子公司、私募基金资产管理业务总规模约50.36万亿元。在分业监管的格局下，伴随着资产管理业务的快速发展，各金融监管部门不断制定相应的资产管理法规政策。由于不同金融行业的监管标准存在差异，为了规避监管或者进行套利交易，不同金融行业间的理财产品就进行了多层嵌套（表1）。

表1　我国金融机构资产管理业务合作模式

合作模式名称	具体操作
银行同业理财	商业银行相互购买对方的理财产品。
银信合作	第一阶段：商业银行理财资金对接信托产品，信托公司向指定借款人提供贷款； 第二阶段：监管部门加强了对通道业务的监管以后，商业银行和信托公司合作时，引入信托收益权或嵌套证券公司资产管理计划，以达到规避监管的目的。
银证、银基合作	为了实现信贷资产出表，借助证券公司或基金公司的资产管理计划，商业银行理财资金投资自身贷款收益权或票据收益权等。
银保合作	商业银行在将理财产品资金投资于保险公司资产管理计划时，为了规避监管，嵌套信托公司、基金子公司等多种理财产品。 通过购买保险资产管理计划，商业银行将资金存入另一家商业银行，将同业存款转变为一般性存款。
银信证基保合作	信托公司、商业银行、证券公司、基金公司、保险公司共同开展的资产管理产品。

注：根据《中国金融稳定报告.2017》整理[2]

资产管理业务在满足了居民投资和企业融资的共同需求的同时，也暴露出诸多乱象，存在的种种问题严重地影响了服务实体经济的效果，加剧了风险的跨市场传递。刚性兑付、规则差异、产品多层嵌套、脱离实体经济等问题反映出我国金融资产管理领域的“红海”特征。为了创造资产管理业务健康发展的良好制度环境，迫切需要监管层进行顶层设计，将机构监管和功能监管相结合，并统一监管标准。

二、“资管新规”政策及其对信托业的影响

（一）“资管新规”政策要点

党的十九大报告把防范化解重大风险作为决胜全面建成小康社会三大攻坚战的首要战役，第五次全国金融工作会议提出要“强化金融监管的专业性、统一性、穿透性”。2019 年 2 月 22 日中央政治局集体学习聚焦金融供给侧改革，强调“金融活，经济活”。对快速发展中的资产管理业务进行规范发展，提升信托公司服务实体经济的能力，正是金融供给侧改革的有机组成部分。2018 年 4 月 27 日，相关部门发布了《关于规范金融机构资产管理业务的指导意见》。该文件将重塑资产管理业态，培育理性投资者，提升资管机构主动管理能力[3]。其中，第二条明确强调，金融机构不得承诺保本保收益，且不得以任何形式垫资兑付出现困难的项目。第六条要求，金融机构应当打破刚性兑付，向投资者传递“卖者尽责、买者自负”的理念。

资管新规出台的深层次原因是不同金融机构之间的传统界限越来越模糊，混业经营成为趋势。就金融机构内部来讲，由于竞争原因，金融机构天然趋向于提供多种金融服务，在无外部强制要求的情况下，自然呈现出混业趋势。然而，在分业监管模式下，我国金融业务监管存在制度建设滞后、多头监管等问题。因此，随着大资管时代的到来，资产管理行业混业

经营的发展态势给现有金融监管模式带来了巨大冲击。

资管新规的发布，正是顺应了我国金融领域混业经营的统一监管需求，其目的在于弥补监管短板、治理市场乱象、防范系统性风险，以促进混业经营领域中资产管理行业的规范发展。展望未来，新规发布后，金融资产管理步入整顿规范期，即将迎来大范围的业态重塑。上述相关政策对资产管理领域的影响主要可以归纳为：第一，统一监管标准，信托、银行、基金等金融机构的监管标准趋同；第二，打破刚性兑付，尊重市场原则，强化投资者的责任；第三，限制层层委托下的嵌套行为，强化受托机构的主动管理职责，抑制通道业务，促进金融机构服务实体经济的发展。

（二）“资管新规”加剧了信托业的“红海”压力

“资管新规”对我国信托业具有直接的、重大的影响，导致信托业面临巨大的“红海”压力。下面主要从信托公司的展业基础、制度红利及通道类业务的影响等角度进行深入分析。

1. 刚性兑付规则的取消将深刻改变信托业的展业基础

根据 1986 年颁布的《金融信托投资机构管理暂行规定》，信托机构的资金运用范围比银行更宽泛，既能从事实业投资，又能开展证券投资。从展业实践来看，当时的信托公司对金融和信托的本质没有把握住，从而导致了实践中的种种偏差。具体来讲，包括很多方面：信托公司治理存在重大缺陷、内部控制制度虚设、公司管理混乱；业务盲目扩张和多元化投资，在对实体经济产业链没有深刻理解的情况下，涉足了从金融到实体经济的过多行业；高息揽储、非法吸收公众存款；违规经营、在资本市场操纵股票价格失败等。

我国《信托法》（2001）是要促使信托公司回归本源，但是，信托法（2001）只是在第二条明确了“信托是什么”，后来又通过相关的行政法规赋予了信托公司从事信托业务的资格。在 2004 年，还是发生了多起信托产品的兑付危机事件。在这种背景下，关于我国引入的信托制度，学者们进行了激烈的争论。有学者指出，我国信托产品不具备信托所应具备的法律特征[4]，金新乳品信托违约事件暴露出我国信托业违背信托本质的特征，成为融资工具是信托的异化[5]。但是，另外一些学者认为，根据信托的本质特征逐一辨析“信托异化论”的理由，就会发现，“信托异化论”未必正确[6]。正确的做法是，从制度建设出发，推进信托产品公募化；在完善投资者保护机制的同时，强调信托投资“风险自担”；并且统一信托产品监管规则[7]。与后一种观点相对应，银监会又进一步对信托公司管理、集合资金信托计划管理、信托公司净资本管理等多种方面制定了相关的政策来进行规范。2014 年信托业保障基金的成立促使信托风险的市场化处置稳步推进；2016 年中国信托登记有限责任公司的正式运行推动统一有效的信托市场逐步形成。

但是，我国信托业的快速发展是以刚性兑付为基础的。刚性兑付在推动信托业快速发展的同时，也积累了严峻的兑付危机。随着经济下行压力的显现，近几年，信托业风险快速暴露，多家信托公司的多个项目陷入兑付危机。另外，如果居民理财对信托业的信赖一直建立在刚性兑付的基础上，这也不符合市场规律。

《关于规范金融机构资产管理业务的指导意见》第十九条明确指出了刚性兑付的具体类型，并命令禁止。因此，对信托公司来讲，打破刚性兑付势在必行。然而，从投资者的角度来说，信托业的影响力远远不如银行等金融机构。刚性兑付打破以后，信托产品的吸引力肯定会下降，销售的难度会加大。面对商业银行理财子公司的竞争，信托业如何做到取信于投资者？在刚性兑付时代，居民对信托产品已经建立起了低风险偏好。当刚性兑付打破后，居民在投资信托产品时，要依靠什么标准呢？

2. 信托业的制度红利逐步弱化

2018 年 9 月 26 日，中国银保监会发布《商业银行理财业务监督管理办法》，其中，第八条规定，根据募集方式的不同，商业银行应当将理财产品分为公募理财产品和私募理财产品。其中，私募理财产品可以投资于债权类资产和权益类资产等。权益类资产是指上市交易的股票、未上市企业股权及其受（收）益权。2018 年 12 月 2 日，《商业银行理财子公司管理办法》正式发布，其中，第二十四条规定银行理财子公司既可以面向不特定社会公众公开发行理财产品，又可以面向合格投资者非公开发行理财产品，还可以从事理财顾问和咨询服务。从这两项政策中可以看出，商业银行理财子公司的业务定位相关广泛，包括了公募基金、私募基金和信托的业务范围。由于商业银行在我国金融体系中的主导地位，可以预计，商业银行理财子公司将在我国未来的资产管理业务中处于重要地位。因此，信托业的制度优势明显弱化了。进入资管新时代后，整个金融体系将迎来大范围的业态重塑，这对那些战略不清晰、定位模糊、综合竞争力有限的信托公司来说，是一个巨大的挑战。

3. 通道业务受到严格规范

“通道类”信托项目的资金端和资产端均非信托公司发起，而是由其他金融机构主导，信托公司仅扮演“通道”角色。根据 2018 年四季度末的数据，按照资金来源划分，单一信托资金占全部信托资产的 43.33%，管理财产信托占全部信托资产的 16.55%，集合资金信托仅占全部信托资产的 40.12%，该部分是最能体现信托公司主动管理能力的。按照功能分类的话，融资类占比 19.15%，投资类仅占 22.49%，事务管理类占比高达 58.36%（表 2）。进一步分析，表 2 中的单一资金信托，主要是机构委托的资金。这部分资金主要是通道类的被动型管理业务，体现不出信托公司的主动管理能力。

事务管理类信托业务主要包括单一资金事务管理类信托、家族信托、消费信托、股权代持信托等，通常由委托人驱动，信托公司为受托人。实践中，事务管理类信托还没有统一的认定标准。与“投资类”和“融资类”相比，“事务管理类”信托项目所占的风险系数最低。加之“事务管理类”信托项目界限较为模糊，信托公司将单一通道类业务归类在此项下，目的是减少风险资本占用，导致此类信托规模大幅增加。

表 2　2018 年 4 季度末信托业信托资产结构表

单位：亿元

<table>
<tr><td>信托资产</td><td colspan="5">227012.63</td></tr>
<tr><td colspan="3">按来源划分</td><td colspan="3">按功能分类</td></tr>
<tr><td rowspan="2">集合资金信托</td><td>余额</td><td>91080.31</td><td rowspan="2">融资类</td><td>余额</td><td>43468.23</td></tr>
<tr><td>占比</td><td>40.12%</td><td>占比</td><td>19.15%</td></tr>
<tr><td rowspan="2">单一资金信托</td><td>余额</td><td>98366.36</td><td rowspan="2">投资类</td><td>余额</td><td>51060.03</td></tr>
<tr><td>占比</td><td>43.33%</td><td>占比</td><td>22.49%</td></tr>
<tr><td rowspan="2">管理财产信托</td><td>余额</td><td>37565.95</td><td rowspan="2">事务管理类</td><td>余额</td><td>132484.36</td></tr>
<tr><td>占比</td><td>16.55%</td><td>占比</td><td>58.36%</td></tr>
</table>

数据来源：中国信托业协会

说明：资管新规于 2018 年出台，据此选择 2018 年的行业数据

根据《商业银行理财业务监督管理办法》及《商业银行理财子公司管理办法》的规定，符合要求的银行可以建立自己直接控股的理财子公司，也就是说，银行可以通过异业子公司的形式开展一定程度上的混业经营。那么，信托公司以前的“通道类”业务会受到冲击。根据 2018 年 4 季度末的数据，事务管理类信托规模 13.248 万亿元，较 3 季度末减少 0.36 万亿元，延续 2018 年来持续下降的态势，依然是信托规模下降的主要因素；相对占比 58.36%，较 3 季度末下降 0.46 个百分点。

综上所述，2018 年来一系列资管新规的发布，使得各金融机构的监管标准趋同。在开展业务的时候，商业银行理财子公司、信托公司等各金融机构之间的竞争无疑会加强，这进一步加剧了信托业的“红海”压力。

三、进一步聚焦实体经济的新蓝海

习近平总书记高度重视金融工作。在十九大报告中，习近平强调，要深化金融体制改革，增强金融服务实体经济能力。实际上，自 2012 年十八大以来，党的金融工作重心一直就是要增强金融服务实体经济的能力。2017 年 4 月 25 日，习近平总书记在主持中央政治局第四十次集体学习时又指出，金融是推动经济社会发展的重要力量。对于“资管新规”背景下的信托业来说，这既指明了信托发展的目标，又蕴含了信托发展的路径。

但是，从信托资金运用方面来看，我国信托业战略定位不清晰，没有明确的经营方向和重点，明显没有聚焦服务实体经济。从表 3 的数据可以看出，在资金信托的运用上，贷款占比达到 40.47%，可供出售及持有至到期投资占比达到 25.38%；长期股权投资占比达到 9.79%。在资金信托的投向上，基础产业、房地产、证券市场、金融机构、工商企业及其他的占比分别为 14.59%、14.18%、2.79%、15.99%、29.90% 及 13.74%，并没有明确的重点。

表 3　2018 年 4 季度末资金信托运用方式及投向结构

单位：亿元

资金信托			189446.68		
按运用方式划分：			按投向划分：		
贷款	余额	76674.79	基础产业	余额	27640.10
	占比	40.47%		占比	14.59%
交易性金融资产投资	余额	21514.95	房地产	余额	26872.74
	占比	11.36%		占比	14.18%
可供出售及持有至到期投资	余额	48072.37	证券市场（股票）	余额	5287.63
	占比	25.38%		占比	2.79%
长期股权投资	余额	18542.49	证券市场（基金）	余额	2471.74
	占比	9.79%		占比	1.30%

续表

租赁	余额	5.08	证券市场（债券）	余额	14202.73
	占比	0.00%		占比	7.50%
买入返售	余额	6910.74	金融机构	余额	30293.02
	占比	3.65%		占比	15.99%
存放同业	余额	6085.13	工商企业	余额	56653.13
	占比	3.21%		占比	29.90%
其他	余额	11641.13	其他	余额	26025.58
	占比	6.14%		占比	13.74%

数据来源：中国信托业协会

说明：资管新规于 2018 年出台，据此选择 2018 年的行业数据

因此，根据表 3 的数据，我国目前信托业的业务范围，与新时代“金融必须回归服务实体经济的本源”的要求，还有很大的差距。例如，信托业为数不多的上市公司之一安信信托（600816），在战略上认识到信托公司比拼信托资产总规模已经不再有太大的意义。真正有意义、有价值的是主动管理业务的规模和占比。在该战略的指引下，安信信托大力培育主动管理业务，并主动压缩通道业务。主动管理业务的规模从 2012 年末的 174.3 亿元，增长到 2017 年末的 1585.1 亿元，规模达到了 68%。其覆盖范围包括了光伏电站、生物医药、互联网基础设施、城市更新、高端养老、现代农业在内的六大实业。其中，安信信托在海南省东方市参与投资创立了中国最大的红心火龙果生产基地，已经拥有了 1.7 万亩的种植面积。然而，根据安信信托的公告，2018 年度亏损达到 18.3 亿元，亏损的主要原因竟然是受到资本市场下跌的影响，公司持有的交易性金融资产公允价值下降、需要计提减值准备。同样，另一上市信托公司陕国投 A（000563）2018 年度也发布了计提可供出售金融资产减值准备的公告，也是受到 2018 年证券市场低迷行情的拖累。可见，在资管新时代，如何落实好“必须服务实体经济本源”的要求，信托业还需要进一步聚焦实体经济新蓝海，深耕细作。

四、信托业的蓝海战略及其六项原则

（一）信托业的蓝海战略

价值创新是蓝海战略的基石，价值创新对“价值”和“创新”同样重视。价值创新让人们以一种新的方法思考和实施战略，从而开创蓝海，摆脱红海[8]。蓝海战略的理论精髓是规则再造和价值创新[9]。红海战略和蓝海战略的对比如表4所示。

表4　红海战略和蓝海战略对比

红海战略	蓝海战略
竞争于已有市场空间	开创无人争抢的市场空间
打败竞争对手	甩脱竞争
开发现有需求	创造和获取新需求
在价值和成本之间权衡取舍	打破价值和成本之间权衡取舍
按差异化或低成本化的战略选择协调公司活动的全套系统	为同时追求差异化和低成本化协调公司活动的全套系统

我国《信托法》（2001）并没有明确哪些金融机构可以从事信托业务，只是通过行政法规赋予了信托公司这种制度优势。进入资管新时代以后，作为一种法律关系和制度安排，信托可以被广泛运用于各类金融资产管理机构，今后信托业将不再等同于信托公司，信托公司也不等于信托业更不等于信托，银行、券商、基金和信托公司资管业务都可以运用信托制度，行业竞争日益激烈。就我国金融体系来说，目前是银行中介主导的金融结构，因此，本文选择了将信托公司与商业银行理财子公司进行对比研究。

在问卷调研和信托业专家访谈的基础上，本论文选择了居民熟悉度、资金实力、业务范围、人才潜力、对实体经济的投资能力、营销能力、风险控制能力共7个指标，在与即将开业的商业银行理财子公司进行对比的基础上，绘制出我国信托公司战略布局图，并得出信托公司的价值曲线（图1）。

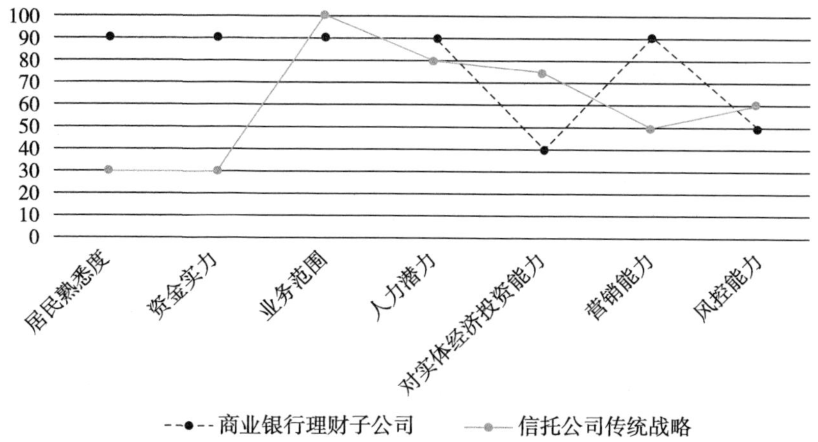

图 2 信托公司战略布局图

进一步，运用“四步动作框架”来分析与创造信托业的新价值曲线有关的四个问题：①应该被剔除的因素：在刚性兑付时期，信托行业中有哪些因素被认为是理所当然的，然而却是高风险、低价值的？②应该被减少的因素：在资管新规出台以前，信托业中有哪些因素是技术含量低、容易被模仿的？③应该被增加的因素：资管新规出台以后，信托业中有哪些因素是政策鼓励的？④应该被创造的因素：在我国信托业的发展过程中，有哪些因素代表了未来的发展方向，以前却从未提供过？在分析的基础上，得出“剔除 – 减少 – 增加 – 创造”坐标格（表 5）。

表 5 “剔除 – 减少 – 增加 – 创造”坐标格

剔除	增加
刚性兑付规则 监管套利 产能过剩行业	家族信托 慈善（公益）信托 风险控制
减少	**创造**
低利润的通道类业务 房地产融资 地方政府融资平台	金融实业共同体 国家战略、民生高度相关领域 复合型人才团队

信托业的蓝海战略剔除了刚性兑付规则、监管套利、产能过剩行业的

投融资，减少了低利润的通道类业务和房地产融资，增加了家族信托、慈善（公益）信托和风险控制，创造了金融实业共同体、国家战略、人民生活高度相关领域的投资及复合型人才团队的培养，从而得出信托公司的蓝海战略布局图（图3）。

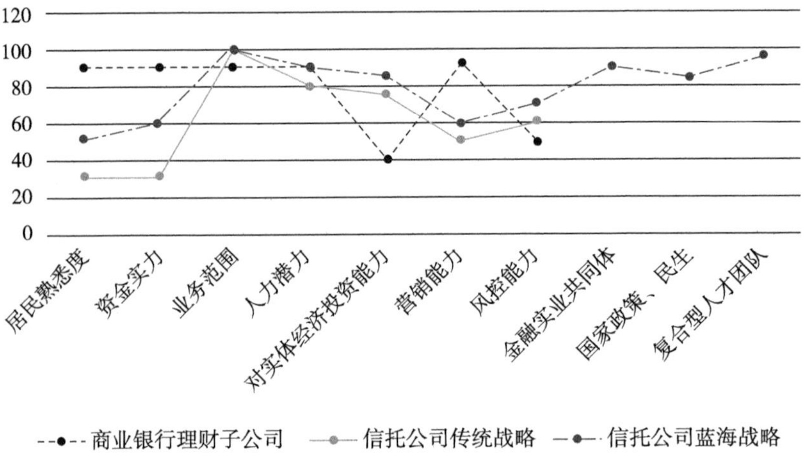

图3　信托公司蓝海战略布局图

（二）信托业蓝海战略的六项原则

2008年金融危机以来，全球经济深陷低增长、高负债、高风险的泥沼中。从国内来看，自经济进入新常态以来，“三期叠加”导致经济增速下降。尤其是近来的中美贸易摩擦，更是加剧了经济增长的不确定性，从而导致实体经济面临困境，对小微、民企等实体经济薄弱领域来说，情况更加严峻。在这种背景下，根据媒体的报道，近两年来一些民营企业和地方政府融资平台都暴露出债务危机，一些信托项目也陷入其中。但是，综合各方面的信息来分析，这种风险的性质仍然是局部的、可控的，主要是由于信托公司在开展业务的时候，基于攻守平衡的原则，既要使本金收益有保障，又能分享信托项目利润的增长空间，采取了介于债、股之间的“可转换债权”投资模式，同时，控制了交易对手足值的优质资产，这实质上是“刚性兑付”背景下收益风险折中的方式。当信托项目出现债务危机的时候，在最坏的情况下，信托公司可以通过处理所控制的交易对手的优质资产，来实现现金回流。当然，这就不能实现金融与实体经济双赢的理想结局了。

需要说明的是，对信托项目的风险绝对不能掉以轻心。根据中国信托业协会的数据，2018年4季度末的信托风险项目为872个，规模为2221.89亿元，信托资产风险率为0.98%，比3季度0.93%上升0.05个百分点。而2018年4季度末的信托赔偿准备金为260.71亿元，比3季度末增长9.64%。在经济增速放缓、中美贸易摩擦的大背景下，运用蓝海战略实现信托业的稳健发展，并进一步防控信托业的风险就显得尤为重要。

分析信托业服务实体经济蓝海战略的原则，可以从资金端和资产端两个方面入手。从资金端来看，通道类业务并没有被一刀切断。《信托部关于加强规范资产管理业务过渡期内信托监管工作的通知》（2018）要求区别对待事务管理类业务。对于监管套利、违法违规的事务管理类业务，要严格禁止；与此相对应，对于那些符合监管要求、服务实体经济发展的事务管理类业务，要大力支持。在资金端，除了合理的通道类业务以外，家族信托应该引起信托公司的足够重视。由于具有破产隔离、财产独立功能，信托公司从事家族信托具有天然的优势，但是，税法欠缺等法律问题构成了我国家族信托的主要制度障碍。此外，大多数信托公司还需要进一步努力提升开展家族信托的核心能力。

信托业服务实体经济，主要体现在资产端的资金运用上。信托业蓝海战略的六项原则，可以分为战略制定原则和战略执行原则两部分。其中，战略制定原则包括“重建信托业务的市场边界”“注重信托功能的全局而非数字”“超越现有的传统产业需求”“结合自身要素禀赋，制定合理的战略顺序”等四项；战略执行原则包括“克服信托公司发展中的关键组织障碍”、“以人为本，将战略执行建成战略的一部分”等两项。具体如下：

1. 重建信托业务的市场边界

金融业安身立命之本就是有效服务实体经济，因为金融业的收益来自实体经济。然而，金融发展的自身逻辑中，客观上潜藏着对实体经济“疏远化”的倾向[10]。目前，我国实体经济薄弱领域获取股权性资金的渠道还相当有限。增加股权性资金供给，对金融体系来说，是一个极为紧迫的课题。作为横跨货币市场、资本市场和实体经济的金融机构，信托公司可以灵活运用债权、股权、投贷联动、产业基金、顾问咨询等多种方式为实体经济服务，正好可以满足新时代实体经济对金融机构的综合功能需求。在资管新规的环境下，信托公司在展业过程中，要充分认识到实体经济是金融的根基，服务实体经济是信托业的立业之本，也是防范金融泡沫的根本举措。助力实体经济的健康发展，就是信托业的蓝海。在这样的战略共识指导下，信托公司才能在与商业银行、证券公司、基金公司理财业务的竞争中，依靠过硬的主动管理能力立于不败之地。

2. 注重信托功能的全局而非数字

根据金融功能观的学术观点，金融机构的功能比金融机构的组织结构更加重要[11]。当前我国实体经济存在的问题，既暴露了经济运行中长期存在的内在矛盾，也反映了金融体系的功能在国家治理体系中没有发挥出来[12]。因此，信托业在服务实体经济的蓝海战略中，应该坚持问题导向，充分发挥出金融功能，服务实体经济转型升级。在制定战略规划时，信托业不应该仅仅着眼于增加细分市场份额的数据分析和成本预算，将时间和精力浪费在摆弄数据上。信托业应该打破成规，针对我国重点领域存在的风险问题，如僵尸企业、高杠杆、地方政府债务、房地产价格泡沫等，着眼于国家实体经济发展的全局，改变过去唯利益为上的观点，切实坚持质量第一、效益优先，以供给侧结构性改革为主线，推动实体经济发展。

3. 超越现有的传统产业需求

传统产业是商业银行、证券公司等金融机构充分竞争的红海领域。信托公司应该认真体会国家方针政策与社会需求，重点选择与国家战略、人民生活相关性较强的领域，深耕细作，下大力气取得行业优势。信托公司应该继续充分利用横跨货币市场、资本市场和实体经济的制度优势，去通道、降杠杆，加快战略转型，通过信托直接融资工具、股权、投贷联动、债转股、资产证券化等业务为实体经济提供附加值高的综合金融服务。在高端养老、绿色环保、一带一路、供给侧改革、现代农业、互联网基础设施建设、城市更新等领域积极发挥作用。在这些新的蓝海领域，作为开拓者，信托公司在提升自身综合素质的同时，可以引进产业技术能力突出的合作伙伴，参与规划、设计、施工、预算等整个业务环节，形成新的核心竞争力，以创造好的投资项目。

4. 结合自身要素禀赋，制定合理的战略顺序

在过去十几年的展业过程中，基于不同的背景和特征，68 家信托公司形成了不同的企业文化和业务风格。例如，依靠强大的集团背景和公司实力，中信信托形成了无边界运行的金融百货公司模式；依托平安集团的保险文化，平安信托形成了集团协同、大规模营销团队、风控理念近似保险的业务特征；依托中国建设银行强大的资源优势，建信信托形成了银行业务协同模式；在民营企业股东的影响下，中融信托形成了激进的业务模式，等等。信托公司要结合过去十多年的从业经验和各自特征，梳理出服务实体经济的行业优势所在，并上升到行业共识的高度，找到自身服务实体经济的优势所在，从而真正体现出信托业的价值和意义，以应对商业银行理财子公司等机构的竞争。面对中美贸易摩擦、经济持续下行、实体经济发展困难等外部的不利环境，信托公司还应该进一步根据服务对象的治理结构、风险控制能力、技术发展水平和市场需求等情况，灵活规定投资政策、方式和考核等具体风险控制手段。针对实体经济的具体特点，可以向项目公司派驻合格人员担任董事或者财务总监等，以确保项目公司的决策权，从而得以控制风险，并为实体经济的顺利发展融资融智。

5. 克服信托公司发展中的关键组织障碍

信托公司在贯彻蓝海战略的过程中，要克服认知、资源、动力和政治四个方面的组织障碍。认知方面，信托业要形成“金融实业命运共同体”的理念，并上升到行业共识的高度；资源方面，信托公司在展业的过程中，要将有限的人、财、物资源，集中于蓝海战略的业务中；动力方面，信托公司要制定合适的激励机制，调动人员实施蓝海战略的积极性；政治方面，公司管理层要妥善处理好红海业务和蓝海业务的顺利过渡。

6. 以人为本，将战略执行建成战略的一部分

一项成功的蓝海转型，从根本上来说，其核心就是人性化的进程。在转型的过程中，以人为本，一个组织就能够改变团队成员的心态，创造有利的情绪环境，无论团队成员多少，都是如此[13]。对信托业来讲，最宝贵的资产就是人才。信托公司的蓝海战略要想取得成功，需要公司每一位员工发自内心的认可与配合，这就需要信托公司组织全体员工参与蓝海战略的制定过程，并融入其中。在理念上认可了，行动上就会多做贡献，激发出团队的创新意识和奉献精神，以保障蓝海战略的成功。在过去十多年的发展过程中，由于资源禀赋的不同，各家信托公司形成了不同的业务风格，也积累了不同的人力资源。展望未来，在金融资管新时代，信托、银行理财子公司、券商理财的竞争将持续进行，制度红利优势不在，金融业态必将重塑，对人才的争夺也将日趋激烈。在监管政策的允许范围内，采取灵活的激励机制，激发出员工的创造性和主动性，将是信托业需要长期思考的一项重要课题。

参考文献

[1][8][韩]W. 钱. 金，[美]勒妮·莫博涅. 蓝海战略[M]. 吉宓. 北京：商务印书馆，2010：12-23.

[2] 中国人民银行金融稳定分析小组. 中国金融稳定报告.2017[M]. 北京：中国金融

出版社，2017：117–123.
[3] 中国人民银行金融稳定分析小组. 中国金融稳定报告.2018 [M]. 北京：中国金融出版社，2018：120–128.
[4] 孙义刚，郑阈. 信托制度异化论——对我国现行信托产品法律结构之评判 [J]. 法律科学（西北政法大学学报），2009，27（04）：146–153.
[5] 袁欣. 信托的本质与信托的异化——金新乳品信托毁约的法律制度分析 [J]. 广东外语外贸大学学报，2005（03）：76–79.
[6] 刘迎霜. 论信托的本质——兼与“信托异化论”商榷 [J]. 法学评论，2011，29（01）：75–82.
[7] 李勇，陈学文. 信托产品的制度解析——兼与《信托制度异化论》作者商榷 [J]. 广东金融学院学报，2010，25（02）：118–128.
[9] 王建军，吴海民. “蓝海战略”的经济学解释 [J]. 中国工业经济，2007（05）：88–95.
[10] 李扬. “金融服务实体经济”辨 [J]. 经济研究，2017，52（06）：4–16.
[11] Merton R C. Silver Anniversary Commemoration || A Functional Perspective of Financial Intermediation [J]. Financial Management，1995，24（2）：23–41.
[12] 徐忠. 新时代背景下中国金融体系与国家治理体系现代化 [J]. 经济研究，2018，53（07）：4–20.
[13] [韩] W. 钱. 金，[美] 勒妮 · 莫博涅. 蓝海战略 2：蓝海转型 [M]. 吉宓. 杭州：浙江大学出版社，2018：27–30.

第六章　信托产品净值化管理：动因、难点与反思

2018年以来，面对我国金融资产管理领域的种种乱象，监管部门出台了一系列新政策，旨在规范金融机构资产管理业务，统一同类资产管理产品监管标准，引导社会资金流向实体经济。为了有效防控金融风险，“资管新规”强调金融资产管理产品要打破刚性兑付，实行净值化管理。《关于规范金融机构资产管理业务的指导意见》（以下简称《资管指导意见》）第二十九条规定，“按照新老划断原则设置过渡期，确保平稳过渡，过渡期为本意见发布之日起至2020年底”。这就意味着，资管产品净值化改造的任务，需要在2020年底前完成。作为金融资产管理领域的重要组成部分，在刚性兑付规则的支撑下，我国信托业在十多年里经历了快速增长。那么，在金融供给侧改革的过程中，信托产品打破刚性兑付，实行净值化管理的动因是什么？存在哪些难点？从金融功能观的视角来看，净值化管理就可以有效发挥出金融功能服务实体经济的发展，取得价值增值，再反馈、回报投资者吗？

一、动因：刚性兑付下的信托业风险积累机制

（一）刚性兑付规则不可持续

支撑我国信托业快速发展的重要原因之一是信托产品的刚性兑付规则。经过规范整理后的信托业，急需重新获得投资者的信任。另外，监管

部门也需要维护金融稳定。刚性兑付的规则，就这样形成了，这也是理财领域的普遍现象。2008 年前后，银行理财产品大范围的零收益特别是负收益引起了投资者的投诉，银行被迫采取了承担投资者损失的做法[1]，对理财领域刚性兑付规则的促成也起到了重要作用。在刚性兑付规则下，投资者不承担投资损失，导致其风险意识淡化。

在刚性兑付规则下，信托公司的运行模式是“投资者预期收益率 + 信托公司收益留存”。从资金端来说，信托公司发行集合资金信托产品或者单一信托产品募集资金。由于刚性兑付的存在，投资者在选择信托产品时，投资的唯一标准就是信托产品预期收益率的高低，根本不用深入了解和调研信托项目的风险情况，项目的风险完全由信托公司来承担。从资产端来说，信托公司在满足了投资者的预期收益率以后，信托项目剩余的盈利可以归信托公司所有。因此，从理论上来说，该运行模式应该可以提高信托公司的主观能动性，有利于信托项目的顺利进行。

但是，这种运行模式能够顺利持续的前提条件是：①在资产端，经济高速增长，信托项目发生风险的概率较低；②在资金端，信托管理资产规模有一定限度，不超过资产端优质信托项目所需资金的额度。在 2012 年以前，我国经济 GDP 增速位居高位，虽然经历了 2008 年世界金融危机，但是，政府的四万亿经济刺激计划导致经济 V 型反转，并没有导致经济增速大幅下降。同时，信托业也处于高速增长的前期，信托资产规模有限，从 2006 年至 2012 年，虽然信托业管理的资产规模连续快速增长，但是，截止到 2012 年四季度末，信托管理资产规模为 7.47 万亿元，风险基本上可以控制。

然而，从 2013 年开始，我国信托业管理资产规模超速发展。2013 年末信托管理资产规模为 10.91 万亿元，突破 10 万亿元关口，并且继续连年增长，2017 年末信托管理资产规模达到了 26.25 万亿元。对比鲜明的是，我国 GDP 增长速度自 2012 年开始逐渐降低，实体经济受到出口萎缩、人口红利下降、消费乏力等多重因素影响，举步维艰。在这种对比明显的背景下，资金端快速增长的信托规模，如何能够保证在资产端有足够多的优质项目来进行配置？如果优质的信托项目数量有限，那么多出来的信托资金必然配置到风险较大的项目上，信托业爆发风险的隐患大大提高了。近年来信托项目“爆雷”的报道经常出现，也从侧面印证了这一判断。

在资金端，信托公司需要以刚性兑付面对投资者；在资产端，信托公司需要面对风险持续上升的信托项目。就国内经济来看，供给侧改革持续进行，结构性去杠杆阵痛效应显现，环保约束不断加强，经济增长速度下降成为常态。特别是2018年下半年以来，美国挑起的中美经贸摩擦对我国出口造成不利影响，进一步影响了经济增长。2019年，面对美国贸易保护主义的复苏、我国居民消费能力的下降等不确定性因素，我国经济仍将面临复杂的局面。在国内外不容乐观的经济环境下，信托业面对如此巨大的资产管理规模，刚性兑付规则显然难以持续。根据中国信托业协会的数据，2018年12月末，信托行业风险项目872个，规模为2221.89亿元，信托资产风险率为0.98%。而截至2019年6月末，信托行业风险项目1100个，规模为3474.39亿元，信托资产风险率为1.54%，较2018年12月末上升0.56个百分点。

（二）“资管新规”的核心要求

从资金端来看，为了提高收益，信托公司会采取期限错配的方式。在期限错配的前提下，信托产品到期了，信托项目还没有到期，从而导致了流动性缺口的出现，信托公司只能采取滚动发行新的信托产品的方式，来兑付到期的理财产品。这样，随着资产规模的持续膨胀，一旦出现流动性紧缩的情况，后续的募集资金出现困境，刚性兑付的风险就会从信托项目传递到信托公司，金融风险的隐患就此埋下。

更加严重的是，多层嵌套进一步加剧了理财产品在金融系统内的风险隐患。2010 年后，监管部门连续发布了多个文件对银行与信托公司两者的合作业务进行规范，这种趋势在 2012 年后发生了转变。当时，伴随着证券业和保险业资产管理业务创新的浪潮，证券公司资管计划及基金子公司资管计划也可以作为通道承接银行的理财资金，银行和信托公司两者合作的方式拓展成为银行证券信托三者合作或者银行基金信托三者合作。也就是说，在分业监管的格局下，为了规避监管或套利，不同金融机构间出现了相互合作、相互竞争、多层嵌套的业务模式[2]。多层嵌套导致理财产品结构日益复杂化，底层资产不清晰，拉长了资金链，风险一旦发生，将进一步从信托公司迅速波及各个金融机构。而且，如果存在杠杆的话，风险爆发后还会导致市场剧烈波动。因此说，多层嵌套是资管乱象最突出的表现[3]。

针对金融资产管理领域存在的刚性兑付、规则差异、产品多层嵌套、脱离实体经济等问题，《资管指导意见》都进行了针对性的规范，明确要求打破刚性兑付，明确了对资产管理产品实行净值化管理的要求，禁止金融资产管理产品多层嵌套。其中，《资管指导意见》第二条明确指出，金融机构开展资产管理业务时不得承诺保本保收益。出现兑付困难时，金融机构不得以任何形式垫资兑付。

资管新规的发布，顺应了我国金融领域混业经营的统一监管需求，其目的在于弥补监管短板、治理市场乱象、防范系统性风险，以促进资产管理的规范发展。展望未来，资管新规发布后，资产管理行业即将步入整顿规范期，并迎来大范围的业态重塑。对我国信托业来说，刚性兑付在其发展过程中起到了至关重要的作用。“资管新规”的上述规定，将从根本上颠覆信托业以前“刚性兑付 + 预期收益率”的业务模式，这对信托业来说是一个巨大的挑战。而且，信托产品实现净值化管理，还将面临严重的困境。

二、难点："非标产品估值＋业务转型"的双重难题

近几年，信托业风险快速暴露，多家信托公司的多个项目陷入兑付危机。在刚性兑付规则的约束下，信托公司或者用自有资金完成兑付，或者发行新的信托产品兑付老产品，新的投资者为老的投资者买单，这就具有了一定的庞氏化特征。因此，根据"资管新规"的精神，打破刚性兑付是长久之计。但是，对信托公司来说，打破刚性兑付面临着双重难题。

（一）非标信托产品估值难题

刚性兑付打破以后，信托产品的吸引力肯定会下降。当刚性兑付打破后，居民在投资信托产品时，选择产品的依据不再是预期收益率，而是产品净值。表面看来，信托产品净值化管理便于投资者掌握产品的收益情况，有利于打破刚性兑付。然而，净值化管理并不容易，尤其是非标产品。

《资管指导意见》第十八条规定，金融机构对资产管理产品应当实行净值化管理，并且坚持公允价值计量，鼓励使用市值计量。根据《企业会计准则第39号——公允价值计量》，公允价值是指市场参与者在计量日发生的有序交易中，出售一项资产所能收到或者转移一项负债所需支付的价格即脱手价格。替代信托产品的预期收益率，依据信托产品的净值进行投资抉择，是投资者新的选择标准。

问题在于，非标资产的公允价值计量是个大难题。对于融资类信托产品来说，没有活跃交易市场，无法采用市值计量。《资管指导意见》第十八条还规定，符合一定条件的资产管理产品，可按照企业会计准则以摊余成本进行计量。依据财政部于2017年3月31日印发修订的《企业会计准则第22号——金融工具确认和计量》第三十八条的规定[4]，金融资产或负债的摊余成本，应以该金融资产或金融负债的初始确认金额经下列调整后的结果确定：①扣除已偿还的本金。②加上或减去采用实际利率法将

该初始确认金额与到期日金额之间的差进行摊销形成的累计摊销额。③扣除累计计提的损失准备。该规定进一步明确指出，在确定实际利率时，应当在考虑金融资产或金融负债所有合同条款的基础上估计预期现金流量，但是，不应该考虑预期的信用损失。因此，摊余成本法仅是反映持有金融资产或金融负债的时间价值，并未充分考虑信托项目的信用风险等因素，无法实时动态地反映金融资产或负债的风险变化情况。

参照货币市场基金规定的“摊余成本 + 影子定价”方法，《资管指导意见》第十八条也进一步规定了偏离度的设置：以摊余成本计量金融资产净值时，还应当采用适当的风险控制手段，对金融资产净值的公允性进行评估。以摊余成本计量的金融资产的加权平均价格与资产管理产品实际兑付时金融资产的价值的偏离度不得达到 5% 或以上。这里的“以摊余成本计量的金融资产的加权平均价格与资产管理产品实际兑付时金融资产的价值的偏离度”，指的是以摊余成本计量金融资产净值理论价值与实际兑付价值的差额。

证监会 2017 年公布的《公开募集开放式证券投资基金流动性风险管理规定》第二十九条规定，基金管理人应当对采用摊余成本法进行核算的货币市场基金实施规模控制[5]。与该规定类似，为了控制金融机构过度采取摊余成本法来隐瞒信用风险，《资管指导意见》第十八条也提出：如果偏离 5% 或以上的产品数超过所发行产品总数的 5%，金融机构不得再发行以摊余成本计量金融资产的资产管理产品。

对金融资产或负债采用摊余成本法计量，将未来现金流摊余到每期，仅仅是呈现出一个表面化的净值。然而，对于融资类信托产品来说，其信用风险往往只能在产品到期的时候，才能显现出来。根据常规的未来现金流量摊余方法，在平时根本显现不出来信托产品的信用风险。如何使得信托资产净值能够反映出信用风险的变化，是信托业打破刚性兑付后的第一重难题。

（二）信托公司业务转型难题

对信托公司来说，除了信托资产净值化管理这一重难题以外，还有另一重难题需要克服，即业务模式转型难题。在刚性兑付的约束下，信托公司的业务模式是“预期收益率＋超额盈利”。信托产品打破刚性兑付，实行净值化管理以后，信托公司的业务模式转变为“净值化管理＋管理费”模式。如果顺利的话，打破刚性兑付，实现信托产品净值化管理固然可以真正实现“卖者有责，买者自负”的市场化原则。由于刚性兑付规则的存在，投资者对信托产品已经建立起了低风险偏好，根据预期收益率的高低就可以抉择信托产品了。打破刚性兑付以后，投资者在进行投资的时候，是基于产品的净值呢？还是基于对信托公司管理能力的信任呢？不管是根据哪一类标准，信托公司都需要在产品流程、核心价值链、关键环节、重要成本指标、风险控制等全部环节进行系统的长期转型，才能适应新的监管规定。这是信托业亟须面对的又一重难题。

三、反思：金融功能观视角下的“卖者尽责、买者自负”

金融机构的传统发展方式是主要为大企业服务，而对于广大的中小微企业、民营经济、弱势人群等更需要金融服务的经济主体，金融机构目前提供的服务则严重不足。如何更好地为这些经济群体提供有效的、可持续性的金融服务，需要转变传统的金融发展方式。习近平于 2019 年 2 月指出，要深化对国际国内金融形势的认识，正确把握金融本质，深化金融供给侧结构性改革，平衡好稳增长和防风险的关系，增强金融服务实体经济能力。实施金融供给侧改革，包含货币政策优化、资本市场改革、大中小金融机构布局调整、金融机构内在机制重塑等多方面的内容。金融供给侧改革的目的，就是要满足经济社会发展和人民群众对金融产品的需要，使得包括中小微企业在内的微观经济组织和包括弱势群体在内的广大民众真正得到金融服务的好处。

从金融功能观的视角来说，深化金融供给侧结构性改革，就是要有利于更好地发挥出金融功能。金融功能观为深化金融供给侧结构性改革提供了一种很好的理论指导。根据 Merton（1995）的观点，金融机构的功能比其组织结构更重要[6]。因此，要从金融功能与金融结构综合的角度来设计金融体系[7]。根据该理论，金融体系的基本功能是在不确定的环境中从时间和空间上对资源进行配置，具体又可以分为六种功能：清算和结算；融通资金和股权细化；在时间和空间上转移资源；风险管理；提供信息；处理激励问题。长期以来，人们熟悉的是涉及储蓄和投资的金融功能，而对于金融体系的化解风险、利用信息优势、降低交易成本等方面的功能，则容易被忽视[8]。金融机构要由传统的“动员储蓄、便利交易、资源配置”金融功能拓展为“公司治理、信息揭示、风险管理”等金融功能[9]。金融功能还要考虑公正与安全[10]。

政策法规赋予了信托公司全面的制度优势。《信托公司管理办法》第十九条规定，信托公司管理运用或处分信托财产时，可以采取投资、出售、存放同业、买入返售、租赁、贷款等方式进行。《信托公司集合资金信托计划管理办法》第二十六条规定，信托公司可以运用债权、股权、物权及其他可行方式运用信托资金。这些规定，有利于信托公司综合运用多种投资方式，发挥出“公司治理、信息揭示、风险管理”等金融综合功能（图 2）。在《资管指导意见》发布以前，在刚性兑付规则的约束下，信托公司充分发挥出了综合金融功能，运用多种手段参与服务实体经济，并控制风险，从而促进了信托业的快速发展。同时，也积累了一定的金融风险，导致了资管新规的出台。

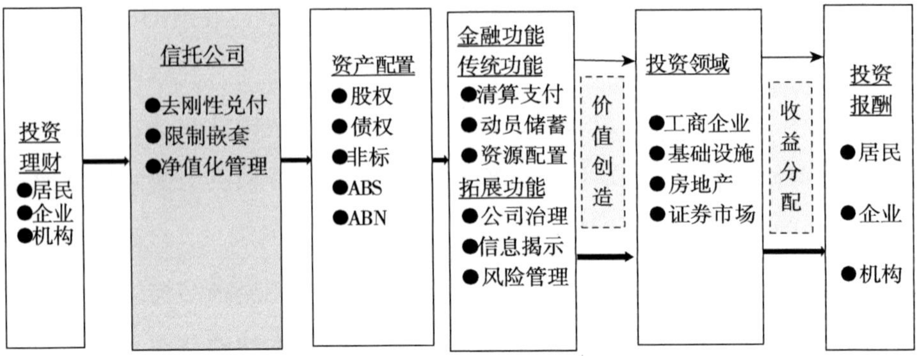

图 2　信托公司金融功能示意图

《资管指导意见》第六条强调，金融机构要加强投资者教育，向投资者传递“卖者尽责、买者自负”的理念，打破刚性兑付。从图 2 可以看出，信托产品实行净值化管理，确立“卖者尽责、买者自负”的市场规则，核心是要能够明确界定清楚投资者、信托公司、融资单位的责权利关系。然而，由于如下四个层次的原因，“卖者尽责、买者自负”的责任边界也是最难界定清晰的。

第一个层次是最基本的，信托公司需要做到合规经营。《资管指导意见》第七条指出，金融机构应当治理良好，风险管理、内部控制和问责机制健全。然而，目前的状况却不容乐观。根据公开信息，2015 年至 2018 年，信托公司累计收到监管罚单 62 张，其中 2015 年为 7 张、2016 年为 9 张、2017 年为 23 张、2018 年为 23 张。从受罚原因来看，受托人职责、信托公司治理、房地产业务、信息披露、产品销售、资料报送、贷后管理等多个方面均有涉及。

2019 年以来，已有多家信托公司因房地产业务受罚，房地产业务成为违规受罚的较集中领域。中信信托、建信信托、北方信托、中融信托、粤财信托和五矿信托等信托公司均因为房地产业务受到了监管部门的处罚。从具体情况来看，受到处罚的原因包括将信托资金违规用于房地产开发企业缴交土地出让价款、违规投向“四证”不全的房地产项目、违规向不具备二级资质的房地产开发企业提供融资等。因此，在监管从严已经成为常态的局面下，信托公司在合规经营方面还有很多问题需要解决。信托公司需要将监管规则与内部流程有效结合，建设合规经营的企业文化，坚守合规底线，并高度重视信托项目开展的合理性、项目后期管理以及项目风险管理。

第二个层次是在合规经营的基础上，信托公司需要提升主动管理能力。近年来，信托产品延期兑付或违约的负面消息比较多，这固然有经济处于下行周期等系统性的原因，但是，信托公司的主动管理能力没有跟上信托行业快速增长的步伐，也是一个很明显的事实。信托公司可以对货币市场、债券市场、股票市场、衍生品市场等进行全方位的投资，全面的投资领域既是信托公司的行业优势，也对信托公司目前的投资研究能力提出了巨大的挑战。

实行净值化管理的本质是加强监管，防控金融风险，发挥金融功能更好地服务实体经济发展。信托业务、公募基金、证券公司资管、商业银行理财子公司等都在同一规则下开展业务。如何进一步提高信托理财的竞争力，信托公司需要进一步搭建完善的投资研究体系，补齐此前研发实力不足的短板，提升信托项目的主动管理能力，从而降低信托产品的违约率。2019 年 9 月 19 日，中国信托业协会正式发布《信托公司受托责任尽职指引》，共有十章内容，分别为总则、尽职调查与审批管理、产品营销与信托设立、运营管理、合同规范、终止清算、信息披露、业务创新、自律管理及附则。其目的是明确信托公司受托责任尽职要求，促进信托公司认真履行受托人职责，保障当事人的合法权益。明确了责任，信托公司才能更好地履责尽责，进而实现担责问责。

第三个层次是在信托公司做到合规经营以及主动管理能力合格的基础上，投资者的金融知识水平和风险意识被教育到位。《资管指导意见》要求，在 2020 年底过渡期后，理财产品要实行净值化管理，客户自担投资风险。这就要求投资者具备理性分析信托产品风险的能力。投资者在选择信托产品时，要研究的内容包括信托公司的历史记录、投资项目的资质、股权结构、产业链上下游的关系，以及增信措施是否可行等。如果投资基建类项目，还要关注项目所在地区的经济水平、地方政府融资平台的资质以及当地财政的承受能力等。投资者要想达到监管部门规定的自担风险的要求，既需要具备分析这些信托项目风险的专业知识能力，又要能够获得信托项目的全部相关资料和信息。目前，绝大多数的投资者是不具备这些内、外部条件的。因此，投资者教育是一个长期的过程。

第四个层次是假设投资者教育到位、信托公司合规经营及主动管理能力令人满意，在此基础上，出现的经济转型过程中的风险以及宏观经济风险，完全由投资者承担的话，是否合适？例如，地方政府财权与事权不对称的问题，属于经济转型中的风险。地方政府融资平台如果出现了信托产品到期不能兑付的问题，是否需要投资者完全风险自担呢？

在一个成熟、有效的市场中，对金融产品采取净值化管理是有利于发挥金融功能的。反之，在有效市场中采取刚性兑付是不符合市场原则的。然而，在一个非成熟的市场中，对于投资者来说，采取净值化管理金融产品是否符合市场原则，并且能够有效发挥出金融体系的综合功能，则是一个需要辨析的问题。例如，在一个不成熟的资本市场中，股票投资是严格按照净值化管理的，但是，资本市场是否一定有效发挥出金融功能，实现资金从投资者到上市公司创造价值再反馈回投资者的正向循环呢？答案显然是不确定的。

“资管新规”要求对理财产品实行净值化管理，实现资产管理产品“卖者有责”基础上的“买者自负”。对信托公司来说，修订产品合同，从形式上满足净值化管理的要求，应该是可以做到。但是，从实质上来说，由于流动性差、缺少公允价值等原因，投资于非标资产的信托产品在净值化管理方面还存在着很多实质性的困难。

净值化管理有利于促进信托业的基础设施建设，有利于提升信托公司的信息公开透明度，有利于促进信托公司的规范发展，具有极大的积极意义。但是，由于目前信托公司治理、主动管理能力的现状，投资者教育的长期性以及经济转型的复杂性等多方面原因，“卖者尽责、买者自负”的责任边界很难被清晰界定。或者说，这需要理论上和实践上的长期探索。因此，从实质上来讲，信托产品的净值化管理还任重道远。

参考文献

[1] 殷剑峰. 财富管理业的前世、今生与未来展望 [EB/OL]. http: //www.nifd.cn/speech/Details/1523.2019-09-10/2019-10-19.

[2] 曹锦秋，任怡多. 资管计划穿透式监管法律问题研究 [J]. 辽宁大学学报（哲学社会科学版），2018，46（05）：115-121.

[3] 中国人民银行金融稳定分析小组. 中国金融稳定报告.2018 [M]. 北京：中国金融出版社，2018：121-123.

[4] 财政部. 关于印发修订《企业会计准则第 22 号——金融工具确认和计量》的通知（财会〔2017〕7 号）[EB/OL]. http: //kjs.mof.gov.cn/zhengwuxinxi/zhengcefabu/201704/t20170406_2575699.html.2017-03-31/2019-04-13.

[5] 证监会. 公开募集开放式证券投资基金流动性风险管理规定（〔2017〕12 号）[EB/OL]. http: //www.csrc.gov.cn/pub/zjhpublic/zjh/201709/t20170901_322922.htm.2017-08-31/2019-04-13.

[6] Merton R C. Silver Anniversary Commemoration || A Functional Perspective of Financial Intermediation [J]. Financial Management, 1995, 24 (2): 23-41.

[7] Merton, Robert C. and Bodie Zvi (2005), “Design of Financial System: Towards a Synthesis of Function and Structure”, Journal of Investment Management, Vol. 3, No. 1, (2005), pp. 1-23.

[8] 李扬. “金融服务实体经济”辨 [J]. 经济研究，2017，52（06）：4-16.

[9] 徐忠. 新时代背景下中国金融体系与国家治理体系现代化 [J]. 经济研究，2018，53（07）：4-20.

[10] Michael S. Barr. “Financial Reform: Making the System Safer and Fairer.” The Russell Sage Foundation Journal of the Social Sciences, vol. 3, no. 1, 2017, pp. 2 - 18.

第七章　信托业服务中小微企业的普惠金融

在我国，中小微企业是改善民生、扩大就业、促进创业创新的重要力量，是国民经济和社会发展的生力军。我国政府高度重视中小微企业金融服务工作。习近平总书记2015年7月在长春召开部分省区党委主要负责同志座谈会时，强调要改善金融服务，疏通金融进入实体经济特别是中小企业、小微企业的管道。2019年3月5日，中国银行保险监督管理委员会主席郭树清在接受采访时指出，解决好对小微企业和民营企业的金融支持，是金融供给侧结构性改革的最重要的组成部分。

但是，在经济发展进入新常态以来，我国金融服务供给与中小微企业融资需求之间仍然存在差距和不匹配的情况。一方面，从金融机构角度来说，我国目前金融服务的能力和水平仍然与广大中小微企业对金融服务的期待还有差距。商业银行虽然成立了普惠金融事业部和小微企业专营机构，但差异化信贷管理、考核激励等制度还未落实到位，基层信贷员对小微企业还存在“不愿贷、不能贷、不会贷”的问题。而且，我国商业银行还存在着较普遍的贷款抵押模式，对发展潜力、人才储备等“软信息”的评估和分析能力不强，风险定价模式单一，缺少差异化的金融产品和服务方，与中小微企业的金融需求不适应[1]。因此，在我国当前特定的经济金融发展阶段，解决中小微企业面临的融资难题仍然是我国金融供给侧结构性改革的重点内容之一。

一、普惠金融是引领金融供给侧改革的共享发展理念

20 世纪 90 年代，弱势群体遭遇的金融排斥现象引起了学者们越来越多的关注。2005 年，联合国在“国际小额信贷年”宣传推广时正式提出普惠金融（inclusive finance）的概念。十几年来，普惠金融已经引起了世界各国政府及众多学者的广泛重视。

最初，普惠金融关注的是小额信贷及微型金融等产品。世界银行扶贫协商小组（CGAP）提出普惠金融就是要让所有需要金融服务的人享有平等地获得金融服务的权利[2]。受国际上对普惠金融概念界定的影响，我国对普惠金融的研究也局限于小额贷款公司、村镇银行等面向低收入人群的金融组织。中国《推进普惠金融发展规划（2016–2020 年）》指出，普惠金融是指立足机会平等要求和商业可持续原则，以可负担的成本为有需求的社会各阶层和群体提供适当、有效的金融服务。小微企业、农民、城镇低收入人群、贫困人群和残疾人、老年人等特殊群体是当前我国普惠金融重点服务对象。根据中国人民银行和世界银行集团（2018）的报告，普惠金融是指个人、小微企业能够获取和使用一系列合适的金融产品和服务，这些金融产品和服务对消费者而言便捷安全，对提供者而言商业可持续。该定义包含了普惠金融的四个关键要素：可得性；多样且适当的产品；商业可行性和可持续性；安全和责任[3]。

从近年来的研究成果来看，普惠金融更应该被视为涵盖广泛的一个综合性的政策目标。王佐发、王作功（2014）认为，普惠金融研究的传统思维很难从根本上解决过高的交易成本所造成的“麦克米伦缺口”。信托公司通过农地经营权信托把农地经营权的营运和融资纳入一个企业内部，降低了交易成本，从而为普惠金融的创新提供了新的视角[4]。白钦先、张坤（2017）指出，国内外有关文献对普惠金融概念的界定是片面的、技术性的、政策性的和描述性的，不具有高度思想性和严密逻辑性。从更高的

标准及更广的范围来看，普惠金融是引领、规范和实现金融发展的一种共享的金融发展方式。普惠金融具有三大本质性特征：秉持金融的哲学人文发展理念；彰显金融为促进人类经济与社会发展而生；坚持金融为最广泛的社会大众竭诚服务[5]。金融本来就是普惠的，只是在资本的资本化条件下金融的普惠性被异化了。重新提出普惠金融，只是对金融普惠性的回归[6]。普惠金融理念高度契合中国传统思想；高度契合“创新、协调、绿色、开放、共享”的国家发展理念；高度契合习近平新时代中国特色社会主义思想[7]。

我国传统金融体系主要是以服务大企业、大项目以及房地产等高回报的经济领域为主，往往排斥弱势群体、中小微企业等回报较低的经济领域。我国的弱势群体享受到的普惠金融服务明显偏低[8]。而且，我国各地区普惠金融发展程度还不均衡[9]。因此，大力发展普惠金融是题中应有之义[10]。目前，我国政府已经充分意识到传统金融体系的问题，并明确指明了改进的方向。2015 年 11 月，中央全面深化改革委员会在第十八次会议上指出，发展普惠金融，目的就是要提升金融服务的覆盖率、可得性、满意度，满足人民群众日益增长的金融需求。在 2019 年 2 月 22 日的中央政治局学习时，习近平指出，要深化对国际国内金融形势的认识，正确把握金融本质，深化金融供给侧结构性改革。实施金融供给侧改革，包含货币政策优化、资本市场改革、大中小金融机构布局调整、金融机构内在机制重塑等多方面的内容。金融供给侧改革的目的，就是要满足经济社会发展和人民群众对金融产品的需要，使得包括中小微企业在内的微观经济组织真实得到金融服务的好处。因此，普惠金融正是引领我国金融供给侧改革的共享发展理念。

二、普惠金融的基本矛盾及中小微企业融资的“麦克米伦缺口”

（一）普惠金融的基本矛盾

通过新的金融模式解决弱势群体的贫困问题，格莱珉银行的成功实践证明了普惠金融的可行性。然而，从理论上讲，普惠金融天然地形成了商业性与政策性这一对基本矛盾。从商业性来看，普惠金融应该遵循市场规律，按照风险收益原则配置资源；从政策性来看，普惠金融服务的对象都是长尾弱势群体，融资风险较高。基于普惠金融的传统视角，陆岷峰等（2019）根据金融服务对象的主要类型总结了普惠金融的基本矛盾关系图谱。从业务类型分类，融资主体主要包括小微企业、个体工商户、城镇低收入人群、农民、老年人群、残疾人群等，每一群体都是政策性与商业性既对立又统一的矛盾体。在实践中，过于偏重政策性则普惠金融发展难以持续，过于偏重商业性则普惠金融会陷入“普”而不“惠”的死胡同，解决这一基本矛盾成为发展普惠金融的关键[11]。

为了解决普惠金融的基本矛盾，学者们主要提出如下的解决方法：（1）利用金融科技解决普惠金融的基本矛盾。孟娜娜、蔺鹏（2018）提出，金融科技驱动下的智能金融有望提供解决中小微企业“麦克米伦缺口”的新路径[12]。（2）重视民间金融机构及大型银行的作用。李阳等（2017）认为，由于具有信息优势、担保优势及交易成本等优势，民间金融拥有弥补“麦克米伦缺口”的现实可行性[13]。谷澍（2019）认为，由于具有网点数量众多、覆盖面广、功能齐全等优势，大型银行在推进普惠金融服务“最后一公里”的过程中应当发挥头雁效应[14]。然而，在现实中，我国普惠金融的业务边界十分模糊，出现了使命漂移和业务异化的现象：一是将普惠金融与财政救济混淆，异化为财政性扶贫；二是与高利贷和民间借贷混为一体，导致弱势群体的“金融致贫”现象[15]。

（二）中小微企业融资的“麦克米伦缺口”

具体到中小微企业融资问题，其基本矛盾体现就是“麦克米伦缺口”（Macmillan Gap）。1929年经济危机的时候，英国政府指派麦克米伦负责调查英国工商业的具体情况。调查组在1931年提交了一份《麦克米伦报告》，指出了中小企业在筹措长期资金时所遇到的融资困难，建议政府采取措施解决该问题。后来，人们将中小企业所面临的融资难题称为“麦克米伦缺口”。“麦克米伦缺口”产生的原因主要是金融排斥，本质上是市场失灵的表现。一般来讲，中小微企业存在着信息不对称、抗风险能力比较弱、公司治理不健全等问题，进而导致了金融机构对中小微企业融资的排斥现象。面对商业银行，中小微企业面临的是“债务融资缺口”；面对资本市场，中小微企业面临的是“权益融资缺口”。

从市场性角度来看，中小微企业都是独立的市场主体，大多具有公司治理不健全、信息不透明、抗风险能力低、财务风险较大等特征。根据市场原则，为了回避风险，金融机构不愿意对中小微企业提供融资。这就使得中小微企业的“麦克米伦缺口”具有了市场性的一面。另一方面，在市场经济活动中，中小微企业在追求利润最大化的同时，也为国民经济的发展贡献了税收、就业与创新等重大贡献，在稳定经济增长、促进社会改革、调整经济结构中发挥了重要的作用，从而具备了一定程度上的公共性。这又使得中小微企业的“麦克米伦缺口”具备了公共性的一面。因此，市场性与公共性这一对既对立又统一的矛盾，构成了“麦克米伦缺口”融资难题的基本矛盾。

在解决中小微企业“麦克米伦缺口”基本矛盾的时候，如果处理不当，则会导致新的衍生矛盾：（1）开展普惠金融，运用金融工具，发挥金融功能，解决中小微企业的融资困难，仅仅是侧重于资金的供给，却不能有助于解决中小微企业存在的公司治理不健全、信息不透明、抗风险能力低等根本问题，则可能逆向导致“金融致贫”，从而偏离金融救助的初衷。（2）如果过于侧重财政手段，则可能会导致财政性救济，使得中小微企业过于依赖财政资金，导致中小微企业在市场中失去独立的发展能力，从而使得财政补贴缺乏可持续性。

（三）解决“麦克米伦缺口”中政府的作用

十八届三中全会全面总结改革开放以来的历程和经验，指出“使市场在资源配置中起决定性作用和更好发挥政府作用”。这种表述标志着社会主义市场经济发展进入了一个新阶段。因此，从理论上来讲，解决中小微企业“麦克米伦缺口”融资难题，需要找准市场调节和政府行为的最佳结合点，使得市场这只“看不见的手”和政府这只“看得见的手”能够配合好，更好地把市场和政府的优势都发挥出来。

由于中小微企业“麦克米伦缺口”具备公共性的一面，因此，在信托公司服务中小微企业的过程中，地方政府所起的作用非常重要。但是，地方政府及其相关部门应该发挥什么样的合理作用，则是一个非常关键的问题。单凭地方政府的作用，中小微企业“麦克米伦缺口”难题的解决，缺乏可持续性，也明显违背市场原则。从宏观上，地方政府有关部门应当将作用重点放在营造良好的商业环境、制定法律和监管政策、提供各类基础设施等方面；从微观上，在与信托公司合作的过程中，地方政府更适合发挥财政性资金“四两拨千斤”的引导作用，而不是直接提供融资。目前，在信托公司服务中小微企业的业务模式中，地方政府有关部门主要起到的作用有提供财政补贴、搭建担保平台、安排引导资金、次级认购增信等。

三、信托业破解中小微企业融资难题的业务模式

（一）信托业的逐步规范发展及对服务中小微企业的长期探索

1. 信托业的逐步规范发展

改革开放以来，我国信托业已经走过了 42 年的坎坷发展历程。那么，信托公司是我国金融领域的“坏孩子”，还是特定历史阶段改革创新的“试验田”？在 2000 年前，信托公司曾经是金融领域的“坏孩子”，屡屡出事，屡屡被整顿。仅在 1982 年、1985 年、1988 年及 1995 年，我国信托业就经历了四次全行业整顿。表面上看，我国信托业被整顿的原因是定位不准确、发展模式不清晰等原因。从深层次来分析，在当时的社会经济背景下，M2 货币总量调控工具还未确立，政府部门在制定信贷投放计划时，没有“社会融资总量”的全局测算，面对无约束的金融市场，当通货膨胀发生的时候，冲击了信贷计划管理的“金融百货公司”式的信托公司往往承担责任，受到调控。需要指出的是，尽管屡屡被整顿，但是，由于有力地冲击了僵化的信贷计划体制，信托公司作为创新实验田的一面，也是不可否认的。

随着大资管时代的到来，在我国金融领域，信托公司、证券公司、商业银行、基金及其子公司、保险机构都在从事资产管理业务。2012 年，证监会鼓励证券公司和基金公司资产管理业务进行创新，并放松了证券公司资管计划、基金子公司资管计划的投资限制。于是，在分业监管的格局下，银行、信托公司、证券公司、基金子公司跨行业的合作导致了资产管理产品的层层嵌套。而且，我国资产管理业务的快速发展是建立在刚性兑付基础上的，也就是说，在资金端，金融理财机构需要以刚性兑付面对投资者。近年来，由于我国经济增长速度下降成为常态，导致理财机构在资产端需要面对风险持续上升的信托项目，理财产品“爆雷”的消息也屡屡见诸报端。

资产管理行业的无序发展态势极大冲击了我国金融分业监管格局。于是，为了加强金融监管协调、补齐监管短板，2018 年 4 月有关部门发布了《关于规范金融机构资产管理业务的指导意见》，其核心要求包括：（1）去刚性兑付。要求资管产品实行净值化管理，不允许以任何形式保本保收益，不允许开展资金池业务。（2）去通道业务。要求资管产品只允许一层嵌套，减少通道，监管上严格执行穿透管理。（3）去期限错配。不能期限错配进行非标债权和未上市企业股权投资。（4）降杠杆。规范资管产品投资端和负债端的杠杆，权益类产品杠杆比例降至 1:1，开放产品不得分级。无疑，资管新规将极大地重塑我国资产管理领域的业态。在资管新规的约束下，我国信托业管理资产规模持续下降，至 2019 年末下降为 21.6 万亿元，较 2018 年年末的 22.7 万亿元下降了 4.85%。

2. 信托业对服务中小微企业的长期探索

近十几年来，我国信托公司利用其业务经营综合性的特点，通过跨市场配置，以多种方式将社会资金引入实体经济，弥补了银行信贷的不足，在支持实体经济发展方面发挥了积极作用。在服务中小微企业发展方面，国内比较优秀的信托公司也都积累了丰富的实践经验。

与资产新规的精神相一致，2018 年 9 月，《商业银行理财业务监督管理办法》出台；2018 年 12 月，《商业银行理财子公司管理办法》正式发布。这两项政策鼓励银行通过具有独立法人地位的理财子公司开展业务，从而强化银行理财业务风险隔离。从这两项政策中可以看出，商业银行理财子公司的业务定位相关广泛，包括了公募基金、私募基金和信托的业务范围。由于商业银行在我国金融体系中的主导地位，商业银行理财子公司将在我国未来的资产管理业务中处于重要地位，信托公司将面临严峻的竞争格局。

虽然如此，依靠多年的探索，信托公司在非标业务方面还是具备一定的先发优势和人才优势。信托公司可以发放贷款，商业银行理财子公司则不可以。信托公司还可以开展资产证券化、家族信托等业务，仍然存在一定的制度优势。展望资管新时代，信托公司可以通过“差异化竞争”探索与商业银行理财子公司共存的发展模式。在服务中小微企业发展的过程中，信托公司可以综合运用多种投资方式，发挥出“公司治理、信息揭示、风险管理”等金融拓展功能，从根本上解决中小微企业的公司治理不健全、信息不透明、抗风险能力低等问题，从而避免中小微企业单纯融资导致的“金融致贫”现象，进而实现信托业在金融供给侧改革中的特殊价值。

（二）信托公司需要进一步提升合规经营及主动管理能力

发挥信托业的金融功能优势，其前提条件之一是信托公司能够做到合规经营。然而，目前的状况却不容乐观。A 股上市公司安信信托（600816）也在其公告中承认在管理运用信托资金的过程中，存在着合规意识不强的问题。根据公开信息，2015 年至 2018 年，信托公司累计收到监管罚单 62 张。2019 年信托公司罚单数量为 42 张，呈现出明显的上升趋势。从受罚原因来看，受托人职责、信托公司治理、房地产业务、信息披露、产品销售、资料报送、贷后管理等多个方面均有涉及。从具体情况来看，受到处罚的原因包括将信托资金违规用于房地产开发企业缴交土地出让价款、违规投向“四证”不全的房地产项目、违规向不具备二级资质的房地产开发企业提供融资等。2020 年以来，已有多家信托公司受罚。其中，A 股上市公司安信信托（600816）因挪用信托财产、违规开展非标资金池等业务被处以 1400 万元的罚款。

为了弥补制度短板，有效对治信托公司治理乱象，相关部门对信托业的监管持续发力。2019 年 4 月，银保监会下发《关于进一步加强信托公司房地产信托业务监管的通知》，要求各地监管部门及时监测房地产信托业务变化情况，及时采取约谈、现场检查、暂停业务、撤销高管资格等多项措施，遏制房地产信托风险过度积累。2019 年 11 月，银保监会正式发布了《信托公司股权管理暂行办法（征求意见稿）》，明确了信托公司股东资质条件，以及股东在股权取得、持有、退出各个阶段应承担的责任和义务。对拟成为信托公司控股股东的非金融企业，还严格规范了股东的资质条件。

在监管从严已经成为常态的局面下，信托公司在合规经营方面还有很多问题需要解决。信托公司需要将监管规则与内部流程有效结合，建设合规经营的企业文化，坚守合规底线，并高度重视信托项目开展的合理性、项目后期管理以及项目风险管理。

另外，信托公司还需要进一步提升主动管理能力，才能发挥信托业的功能优势。近年来，信托产品延期兑付或违约的负面消息比较多，这固然有经济处于下行周期等系统性的原因，但是，信托公司的主动管理能力没有跟上信托行业快速增长的步伐，也是一个很明显的事实。信托公司可以对货币市场、债券市场、股票市场、衍生品市场等进行全方位的投资，全面的投资领域既是信托公司的行业优势，也对信托公司目前的投资研究能力提出了巨大的挑战。

资管新规的本质目的是加强监管，防控金融风险，发挥金融功能更好地服务实体经济发展。信托业务、公募基金、证券公司资管、商业银行理财子公司等都在同一规则下开展业务。如何进一步提高信托公司的竞争力，信托公司需要进一步搭建完善的投资研究体系，补齐此前研发实力不足的短板，提升信托项目的主动管理能力。

（三）信托公司服务中小微企业的具体业务模式

2018 年以来，随着资管新规的推进，以及经济下行趋势的持续，信托业传统的发展模式难以为继。信托公司亟须在普惠金融的引导下，探寻新的业务发展模式和利润增长点。根据中国信托业协会的统计数据，截至

2019年6月，约有28%的信托公司开展了普惠金融业务，且近三年普惠金融业务规模超过了1.74万亿元。其中，有约52.94%的信托公司开展了小微企业金融服务。

经过十多年的实践，信托公司发行的服务中小微企业的信托产品已经有上百款，操作模式已经比较成熟，也比较灵活。作为独立的市场主体，信托公司在服务中小微企业的过程中，必须基于市场原则并遵循可持续的业务模式。在信托公司发行信托产品时，机构资金、个人资金和政府引导资金分别进行认购，募集资金投向符合产业政策的中小微企业，同时，或者由担保公司进行担保，或者采取其他增信方式。在这个过程中，主要涉及信托公司、投资方、中小微企业、地方政府等相关各方利益主体。

概括起来，信托公司主要通过如下几种具体业务模式服务中小微企业：

第一种为信托公司对接数家中小微企业的融资模式，其主要特征是以打包的方式扩大融资规模。在该种模式下，依托产业链、科技园区、地域特色等某些中小微企业的共性，将数家中小微企业进行打包以扩大融资规模，信托公司发行信托计划募集资金，再将资金贷款给各家中小微企业，并由担保公司提供担保。该模式是最传统的交易模式。例如，合肥市“滨湖春晓”中小企业贷款集合信托计划，该项目向经过审核的合肥市高新区优质中小企业提供贷款，增信方式是由财政专项资金直接认购信托计划且不要求回报，并由高新担保公司提供连带责任，从而实现了“信、政、企”等多方共赢的格局，是破解中小企业“麦克米伦缺口”融资难的有效探索。

第二种为引入投资顾问的结构化模式。在该种模式下，信托公司通过“优先/劣后”的结构化设计，将中小微企业筛选与管理机构作为投资顾问引入，把投资者与投资顾问的利益进行捆绑。在信托计划募集成立后，通过投资顾问的建议再决定资金的投放，将不同层级投资者的资金集合融资给中小企业。该模式采用了“优先 / 劣后”结构作为增信方式，从而提高了中小企业信托对优先级投资客户的吸引力，降低了中小企业的融资成本。例如，华宝信托发行的“张江聚惠”集合信托计划，联合了上海市再担保公司、张江中小企业担保中心、浦发银行和张江小额贷款公司，由张江担保中心为项目进行担保，项目募集资金用于满足园区内高科技型中小企业的融资需求。实践中，信托公司服务中小微企业的结构化业务模式更加灵活。例如，四川信托的成都新都圣桦公馆项目股权投资集合资金信托计划，采用“股 + 债”的交易结构，优先级资金又进一步分设了 A、B 档，分别对应股权投资及增资，增信手段为企业原股东以部分股权认购信托计划。

第三种为金融科技赋能模式。中小微企业贷款困难的主要问题是成本高、信息不对称。然而，第三次技术革命对效率和公平的影响巨大且深远，互联网革命使得我国实现了数字金融的快速发展[16]，且显著提升了普惠金融指数[17]。在该种模式下，金融科技的运用降低了信托公司提供普惠金融服务的成本、弥补了中小微企业信息不对称的不足，使得信托公司能够开发出可持续性的商业模式来服务中小微企业。例如，外贸信托在小微金融业务领域投入最大的科技资源，研发出以小微信贷管理系统、支付平台系统、影像平台系统、征信查询系统为核心的科技体系，用以支持小微金融业务。而且，外贸信托还正在尝试将数据挖掘、机器学习等方法运用到反欺诈等风控管理环节，切实提升小微金融信贷风控水平。云南信托研发的普惠星辰系统以 96 分通过公安部三级等级保护，荣获 2016 年“银行业信息科技风险管理系统课题研究一类成果”，可以实现贷前、贷中和贷后的闭环管理，提升风控能力，为中小微企业提供资金支持。依托金融科技，2017 年云南信托基于自主贷款系统及风控模型，发行“云南信托普惠 73 号”项目，以满足餐饮与酒店类中小微企业发展的资金需求。2018 年，云南信托“温润”系列小微企业贷款资产支持证券在全国银行间债券市场成功注册，总额度为50亿元，用以支持浙江地区中小微企业的经营发展；公司还发行了“云程万理”供应链集合资金信托计划系列产品，发行规模已经超过50亿元，主要依托产业链中的核心企业的“信用共享”，为产业链中的小微企业提供服务，覆盖了建筑施工、医药流通、汽车租赁、高端制造等行业。

参考文献

[1] 中国人民银行，中国银行保险监督管理委员会. 中国小微企业金融服务报告.2018[M]. 北京：中国金融出版社，2019：127–130.

[2] Helms B. Access for all：building inclusive financial systems [M]. World Bank Publications，2006：31.

[3] 中国人民银行、世界银行集团. 全球视野下的中国普惠金融：实践、经验与挑战[EB/OL]. http：//www.pbc.gov.cn/goutongjiaoliu/113456/113469/3481224/index.html. 2018–02–12/2019–11–24.

[4] 王佐发，王作功. 农地经营权流转信托与普惠金融新思维 [J]. 上海金融，2014(11)：14–19.

[5] 白钦先，张坤. 再论普惠金融及其本质特征 [J]. 广东财经大学学报，2017，32(03)：39–44.

[6] 白钦先，佟健. 重提普惠金融是对金融普惠性异化的回归 [J]. 金融理论与实践，2017(12)：1–4.

[7] 白钦先，马留赟. 中国普惠金融理论与实践若干问题的思考 [J]. 武汉金融，2018(01)：4–8.

[8] 尹志超，彭嫦燕，里昂安吉拉. 中国家庭普惠金融的发展及影响 [J]. 管理世界，2019，35(02)：74–87.

[9] 刘亦文，丁李平，李毅，胡宗义. 中国普惠金融发展水平测度与经济增长效应[J]. 中国软科学，2018(03)：36–46.

[10] 李扬. “金融服务实体经济”辨 [J]. 经济研究，2017，52(06)：4–16.

[11] 陆岷峰，马经纬，汪祖刚. 金融科技背景下普惠金融基本矛盾图谱与解决路径研究 [J]. 金融理论与实践，2019(08)：1–7.

[12] 孟娜娜，蔺鹏. 中小微企业“麦克米伦缺口”成因及智能金融解决路径 [J]. 南方金融，2018(07)：73–80.

[13] 李阳，胡文博，井丽巍，高华兴. 民间金融弥补“麦克米伦缺口”的有效路径

[J]. 税务与经济，2017（01）：61-67.

[14] 谷澍. 普惠金融——大型银行应发挥头雁效应 [J]. 中国金融，2019（07）：9-11.

[15] 邢乐成. 中国普惠金融的实现路径："平台 + 产品" 模式 [J]. 济南大学学报（社会科学版），2019，29（01）：116-124+160.

[16] 张勋，万广华，张佳佳，何宗樾. 数字经济、普惠金融与包容性增长 [J]. 经济研究，2019，54（08）：71-86.

[17] 宋晓玲，侯金辰. 互联网使用状况能否提升普惠金融发展水平？——来自 25 个发达国家和 40 个发展中国家的经验证据 [J]. 管理世界，2017（01）：172-173.

第八章　金融科技背景下信托公司普惠金融产品创新

近年来，我国普惠金融的发展取得了重大进展，呈现出普惠金融政策体系不断完善、普惠金融机构体系日益丰富、数字普惠金融创新持续深入、普惠金融业务模式持续创新等基本特征。

一、普惠金融服务需要提高可持续性及多样性

从金融机构的角度来看，政策性银行、商业银行、信托公司、保险公司、融资担保公司、小贷公司、财务公司、互联网金融公司等金融机构都提供了普惠金融服务，具备政策性和商业性特征的多层次、广覆盖、有差异的普惠金融合作服务体系已经基本建立。其中，商业银行发挥了开展普惠金融服务的“头雁”作用，积极探索创新普惠金融组织架构；地方金融机构利用贴近基层的优势，使普惠金融服务触角不断向下层、向小微、向三农延伸。同时，也存在着一些问题：村镇银行管理成本高、创新能力弱；小额贷款公司市场定位与商业银行雷同、资金来源渠道窄、风险防控薄弱、经营区域受到限制；金融科技导致的欺诈、信息泄露、资金损失等风险。

从金融科技的角度来看，随着我国数字经济以及相关基础设施的快速进步，数字普惠金融服务得到了高速发展，传统金融机构与新兴的金融科技企业一起成为了数字普惠创新的主力军。依托金融科技的“聚合模式”

被业界提出，该模式通过在获客、风控、增信、资金等各业务节点中发挥参与各方的专业化优势，以规模经济效应提供多样化的、可承担的普惠金融服务。

尽管我国普惠金融已经取得了巨大进步，但是，无论关乎其理论还是关乎其实践，都还存在着一些问题，导致普惠金融服务常常取得适得其反的效果。总结起来，问题主要体现在[1]：（1）对普惠金融的内涵存在误解，导致了实践中的异化现象。目前，有些人还把普惠金融与信贷补贴、指令性贷款以及慈善活动等同起来，认为即使在金融落后地区提供金融服务，也得严重依赖补贴。（2）部分普惠金融服务商业模式不可持续。例如，金融机构提供的部分普惠金融服务受到了比较多的行政干预和高额补贴，没有遵循市场规律，扭曲了市场竞争，导致普惠金融无法获得长期的可持续发展。（3）普惠金融服务的多样性不足。目前，金融机构在提供普惠金融服务时，对弱势群体所需金融产品的多样性、适当性考虑不足。

因此，对普惠金融的基本矛盾及其成因进行分析，并在金融科技背景下研究如何提高金融机构普惠金融服务的可持续性以及多样性，是我国金融供给侧改革的重要内容。

二、较高的交易费用与风险阻碍了普惠金融服务的开展

导致普惠金融基本矛盾的原因，主要有两个：较高的交易费用与较高的风险。具体分析如下：

第一，较高的交易费用。金融机构为小微企业、个体工商户、城镇低收入人群、农民、老年人群、残疾人群等提供普惠金融服务，具体的交易费用包括签订合同费用、履行合同费用和违约处理费用。具体来讲，签订合同费用又包括信息收集费用、合同协商费用等；履行合同费用又包括监督费用、执行费用等；违约处理费用包括坏账损失、诉讼费用等。在传统

金融发展方式下，金融机构在为大企业、大项目服务时，由于交易额度较大，一对一的交易导致的签订合同费用、履行合同费用和违约处理费用都比较低，获得较高利润的概率较大。对比明显的是，普惠金融目标客户由于贷款金额较小且数量众多，导致了签订合同费用、履行合同费用和违约处理费用都比较高，从而严重降低了金融机构的利润空间。

第二，较高的风险。一般来讲，小微企业、个体工商户、城镇低收入人群、农民、老年人群、残疾人群等市场竞争能力较低，信息不透明，融资风险较大。因此，仅仅从市场原则角度来看，为了回避风险，金融机构不愿意对弱势群体提供融资。

普惠金融服务对象主要为小微企业、低收入人群、弱势群体、老年人等，这部分人群的金融服务需求分散且差异性极大。信托公司、商业银行、互联网企业，小额贷款公司以及消费金融公司等都可以为目标客户提供普惠金融服务。我国监管部门规定了各类金融机构拥有不同的资质，导致了各种金融机构的资金成本不同，经营重点和经营思路也具有差异性（表 1）。

表 1　不同金融机构普惠金融服务的基本特质及服务对象

金融机构	基本特征	主要服务对象
商业银行	风险容忍度低、贷款抵押物准入门槛较高	中等收入、资产充分人群；优质的中小微企业
互联网企业	线上服务	满足互联网消费场景中的小额、短期信贷需求
消费金融公司	以生活消费贷款服务为主、资本约束高	为中低收入人群提供短期消费小额贷款服务
小额贷款公司	立足当地经济发展、资本约束高	服务当地小微企业、贷款额度低
信托公司	金融功能强大、线上线下业务结合	个体工商户、小微企业、三农的中大额贷款；中低收入人群提供消费信贷；为弱势群体提供慈善信托等
财政救助	纯公共性质	残疾人、老年人等竞争力极低的群体

解决普惠金融的基本矛盾，关键在于降低交易费用及降低客户融资

风险。这就需要金融机构转变传统的金融发展方式，根据市场需求，积极开发差异化的金融产品。近几年，由于不同金融子行业的监管标准差异导致了资产管理领域积累了大量风险，从而导致了 2018 年“资管新规”的出台。固然，为了防控金融风险，对资产管理乱象进行整顿也是必然。但是，作为发展的方向，资产管理领域的金融产品还是要向“个性化、差异化、定制化”的方向发展。因此，展望未来，金融机构需要更加遵循市场原则，通过竞争和创新，提供更加差异化的、合适的普惠金融产品和服务。同时，金融机构需要转变企业文化和商业模式，以客户为中心，降低交易费用，合理分担风险，以提高普惠金融业务的可持续性。其中，作为我国四大金融机构之一的信托业，部分信托公司在探索普惠金融服务时，灵活运用股权、债权、股债结合等金融工具，为我国的普惠金融服务贡献了值得深入分析的案例。

三、金融科技赋能使普惠信托产品更加具备可持续性

信托是委托人、受托人及受益人三者之间存在的一种以财产权为中心的法律关系。信托机制独特的制度优势是：信托财产独立、长期规划、弹性空间和更好地保障受益人权益。真正具有财产管理制度性质的信托起源于 13 世纪英国的用益制，且最早是以无偿的私人民事信托出现的。目前，在英美等国，信托已经被广泛应用于民事、商事乃至公益领域。

2001 年，我国颁布了历经 8 年努力起草的《信托法》，将源自英美法系的信托，引入了经济快速发展的中国。尽管失去衡平法的依托导致我国《信托法》留下了一些存在争议的难题，但是，我国《信托法》的颁布却是我国信托事业的重要里程碑，为信托业的发展提供了有力的制度保障。《信托法》颁布后，从 2002 年到 2006 年，我国信托业进入了恢复发展阶段。在此期间，银监会对信托公司逐一验收，果断关闭高风险信托机构，

同时为达到条件的信托公司办理重新登记。从2007年开始，监管层开始从信托法规入手，重新修订监管制度。在修订《信托公司集合资金信托计划管理办法》时，规定了个人或家庭金融资产总计超过100万元的为合格投资者，提高了委托人的门槛。2010年颁布实施的《信托公司净资本管理办法》，通过净资本与风险资本管理，引导信托公司发展本源业务，防范行业兑付风险。从2006年至2017年，我国信托业管理资产的规模经历了快速增长。当时，信托公司主要业务之一是给房地产企业、地方政府融资平台等提供融资。在满足了融资方资金需求的同时，也积累了较大的风险。

2018年4月，监管部门发布了《关于规范金融机构资产管理业务的指导意见》。在资管新规的约束下，2018年、2019年信托资产规模连续出现下降，从而倒逼信托公司进行创新转型，普惠金融服务是信托业创新的新蓝海。同时，信托业的规范发展保障了信托公司的合规运营，从而为普惠信托产品创新提供了前提条件。同时，也奠定了信托公司运用金融科技提供普惠金融服务的行业基础。因为只有在机制健全的金融体制机制下，新的技术应用才能产生正面、积极的效果[2]。

（一）政策法规提供了普惠信托产品创新的制度优势

政策规定导致了我国不同金融子行业投资领域的差异性，进而决定了我国信托公司提供普惠金融服务的功能优势（表2）。近十几年来，我国信托公司在提供普惠金融服务方面，也积累了丰富的实践经验。

依靠多年的探索，信托公司在综合运用多种金融工具方面具备了一定的先发优势和人才优势。信托公司可以发放贷款，商业银行理财子公司则不可以（表2）。在开展普惠金融服务的过程中，信托公司可以综合运用多种投资方式，发挥出制度功能优势，来降低交易费用，合理分担风险。例如，信托公司具有利用股权、债权、股债结合进行投资的优势，而小额贷款公司在进行普惠金融服务时受到的资本约束又比较高。因此，信托公司可以与小额贷款公司进行合作，先对小额贷款公司进行股权投资，小额贷款公司资本增加以后，可以增加对三农的贷款服务。2015 年以来，作为一家中小型信托公司，云南国际信托有限公司将普惠金融作为公司转型的重点方向，并取得了可喜的成绩。该公司在从事普惠金融服务的时候，创新地将金融科技优势与供应链金融模式结合，发起了农业种植贷款信托项目；发行了银行间市场首单实体制造业企业供应链金融 ABN，获批的注册额度达 100 亿元，用于救助浙东地区的中小微企业；在交易所成功发行了全国首单信托助农贷 ABS，扩大了农村普惠金融服务领域。

表 2　信托公司投资领域与其他金融机构对比

金融机构	资管产品	投资领域				
		非标准化债权	未上市公司股权	债券	股票	贷款
基金公司	基金子公司	√	√	√	√	×
	基金专户	×	×	√	√	×
证券公司	集合资管	×	×	√	√	×
	定向资管	√	√	√	√	×
保险公司	资管产品	√	√	√	√	×
私募机构	私募基金	√	√	√	√	×
商业银行理财子公司	公募理财	√	×	√	√	×
	私募理财	√	√	√	√	×
信托公司	信托产品	√	√	√	√	√

（二）信托公司普惠金融服务的传统模式

信托公司提供普惠金融服务已经有十几年的历程。目前，在 68 家信托公司中，约有 50 多家提供了普惠金融产品。在金融科技兴起以前，借助政策赋予的灵活的信托功能，信托公司提供的传统普惠金融服务在降低交易费用，分担产品风险方面也是比较有代表性。

以服务三农为例，其具体的业务流程是：①由合作方选择合适的项目，能够有效降低获取客户环节的交易费用。在传统普惠金融服务模式下，信托公司需要与地方相关农村经济主管部门合作，由其推荐一些盈利能力较强的三农融资项目。这样做，有效地降低了交易费用。信托公司依据公司流程对项目进行现场和非现场的尽职调查，论证这些项目的风险水平，最终选择出来比较优质的项目。②制定相应的信托方案，以扩大融资规模的方式降低交易费用。根据项目的具体情况，信托公司确定融资金额、融资期限、融资成本等要素，确定相应的信托产品。由于普惠金融服务对象融资额度较小，信托公司往往将多个同类项目打包，形成一个信托方案。③筹集项目资金。信托公司向投资者发行集合资金信托产品，筹集资金，并提供给资金需求方。④引入担保公司或由地方政府财政担保，合理分担风险。由于普惠金融具备公共性的一面，因此，在金融机构服务弱势群体的过程中，地方政府所起的作用非常重要。

作为中国信托业协会前会长单位，中信信托有限责任公司前董事长蒲坚将信托的价值进行了升华，认为信托制度在调整生产力和生产关系、贫与富、公平与效率、社会主义和市场经济之间，起到了很好的润滑剂和平衡作用。在该理念指导下，中信信托很早就在普惠金融方面进行了深入探索。中信信托发行的中信草原惠农基金集合资金信托计划[3]，其具体操作模式为（图1）：内蒙古自治区政府金融工作办公室牵头协调并遴选区内优质小额贷款公司，中信信托依据公司流程选择合格的小额贷款公司。通过发行集合资金信托产品完成资金筹集，并向符合条件的小额贷款公司增资，项目到期以后，小额贷款公司股东回购股权，东北中小企业信用再担保股份公司为回购义务提供担保。小额贷款公司的目标客户群为广大农牧户、个体工商户及小微企业，得到信托增资以后，可以为农牧民及小微企业提供贷款，服务“三农”及支持农村经济发展。

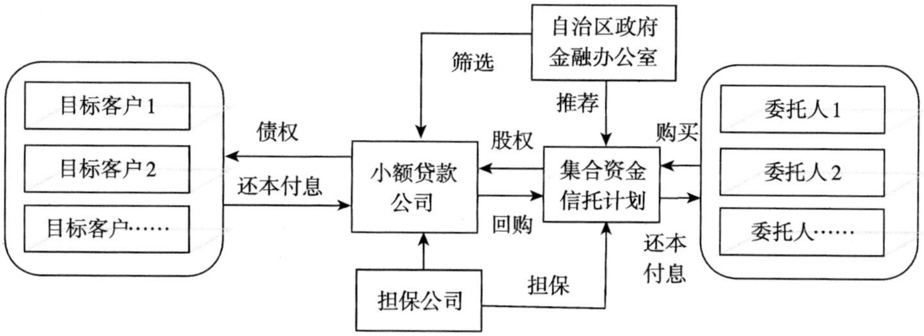

图 1　中信草原惠农基金集合资金信托计划交易模式

在图 1 为代表的传统信托普惠金融模式下，存在着如下的不利因素：①获得客户的成本较高、渠道较窄。在获得客户群体时，由于距离较远，信托公司往往需要其他部门的合作和配合，而不是直接筛选客户，这就导致较高的项目成本。②项目运营效率较低、风险控制比较困难。由于在与最终目标客户提供金融服务时，需要借助小额贷款公司等投资顾问的帮助，导致了项目运营效率较低。而且，由于不是直接与目标客户进行交易，也导致了风险控制比较困难。这些不利因素严重影响了传统信托普惠金融服务的盈利能力和可持续性。

（三）金融科技有助于化解普惠信托服务的基本矛盾

近几年来，互联网革命使得我国实现了数字经济与数字金融的快速发展。一个完整的普惠信托产品包括获取客户、产品设计、产品营销、风险控制、产品增信、贷后管理等多个环节。根据信托产品的关键节点，可以将普惠信托产品分为三个主要环节：获得客户、风险控制、运营管理。金融科技的快速发展从上述三个主要环节化解了信托公司提供普惠金融服务的不利因素，克服了信息不对称，降低了交易费用和风险程度，使得信托普惠金融更加具有可持续性。

第一，金融科技降低了信托公司普惠金融服务获取客户环节的交易费用，拓宽了获得客户的渠道。获取客户是信托普惠金融服务流程中非常关键的一个环节，其目的是寻找并获得与普惠金融产品相匹配的客户，其中的关键是获取客户的成本和渠道。在传统模式下，信托公司主要与小额贷款公司、助农机构、公益组织等机构和部门合作来获取客户，渠道较窄且导致了较高的成本。在信息时代，普惠金融目标客户积累了大量的互联网行为、消费积累和支付数据。因此，在金融科技赋能模式下，信托公司通过自建的普惠金融智能系统或者与其他金融科技公司的合作，可以对目标客户进行分类，找出符合某种信托产品的潜在客户，大大降低了获得客户的交易费用。而且，根据智能金融系统提供的大数据，信托公司还能够在一定程度上对普惠金融客户的实际履约情况进行分析，并驱动获取客户模型不断优化升级。

第二，金融科技有效克服了信息不对称，降低了信托公司普惠金融服务的风险，并且同时降低了风险控制的交易费用。在传统模式下，信托公司提供普惠金融服务时，主要依靠合作机构和部门的线下方式来获得目标客户的信用信息以控制风险，导致成本高且效率低。而智能科技破解了普惠金融客户数据碎片化的行业难题，通过大数据为客户信用画像、反欺诈、风险控制提供信息支持。在智能模式下，主要有四种数据来源：①人行征信数据及第三方征信数据；②信托公司开展业务过程中自身积累的数据；③财税部门、工商部门等公共机构的数据；④专业的个人信用管理平台的数据。信托公司借助金融科技，对普惠金融客户进行风险评估，突破了线下模式中存在的高成本、低效率问题。

第三，金融科技降低了信托公司普惠金融服务运营管理的人力成本，有效降低了交易费用。普惠金融服务目标客户比较分散，传统模式下的运营管理成本较高。在金融科技模式下，信托公司通过智能系统对信托产品的营销、运营、贷后管理等进行控制，提高了运营效率。在贷后催收环节，基于智能系统，信托公司通过短信、APP 等多种方式，督促普惠金融借款客户及时还款，大大降低了人力成本。

正是由于金融科技对普惠金融业务的极大支持作用，信托公司高度重视科技金融智能系统的建设。目前，超过 10 家以上的信托公司在普惠金融智能系统上投入超过千万。其中，中融信托的“天巡”消费金融智能系统已经对接央行征信系统，具备风控审批、自主支付、大数据存储和挖掘、贷后资金监控等功能；云南信托研发的普惠星辰系统，可以服务消费金融、供应链金融、农村金融等普惠金融业务。

信托公司从事普惠信托服务，包括商业信托和公益信托。商业信托涉及向信托计划投资者还本付息；公益信托则无须还本付息，信托公司完成受托义务即可。由于普惠金融客户包括了三农、小微企业、低收入人群、弱势群体等多元化的群体，因此，科技赋能模式下信托公司普惠金融服务的客户群体多元化特征非常明显（图 2）：①通过信托贷款、资产证券化等方式，对三农提供资金支持；②信托公司依托科技智能金融系统，通过助贷、流贷、联合贷等方式对低收入人群等弱势群体提供消费金融业务；③通过贷款、供应链金融、资产证券化等方式，为小微企业提供普惠金融服务；④为贫困人口、老年人等提供慈善信托服务。其中，前三种普惠金融服务属于商业信托，需要还本付息；第四种慈善信托服务属于公益信托，不用还本付息。例如，在这次疫情中，委托人出于公益目的进行委托，不求投资回报，受托人、托管银行、律师均不收取报酬，资金全部用于慈善。

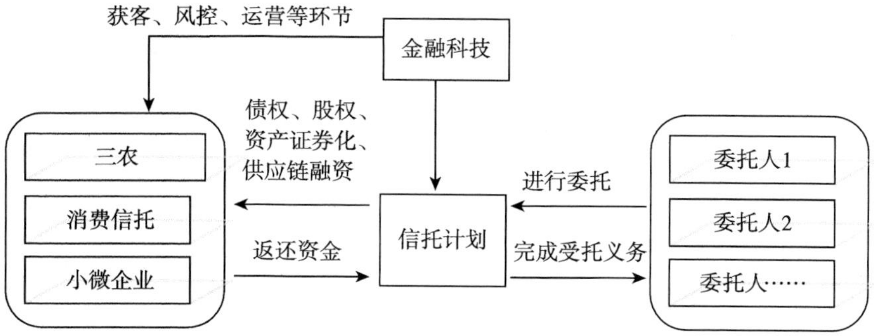

图 2　信托公司普惠金融服务的科技赋能模式

（四）普惠信托产品创新的科技赋能模式

在金融科技快速发展的时代背景下，信托公司转变传统的金融发展方式，在运用信托资金的时候，根据市场需求，以客户为中心，积极开发差异化的普惠金融产品。从行业实践来看，近年来信托公司的普惠信托产品创新主要有：创新运用供应链金融服务核心企业上下游的小微企业、个体工商户；运用“场景 + 大数据”模式服务小微企业、助力三农；通过智能平台提升小微企业抵押贷款的效率；结合应用场景助力消费金融业务。

1. 创新运用供应链金融服务小微企业

信托公司在传统融资模式下为小微企业提供金融服务时，主要是基于小微企业的资产负债情况等对其提供服务，而这恰恰是小微企业的薄弱环节。在金融科技背景下，信托公司突破原有的融资模式，采用供应链金融模式对小微企业提供服务。在该模式下，信托公司不再基于小微企业的资产负债情况及抵押物等评价小微企业的还款能力，而是基于真实的供应链交易，依靠供应链上核心企业的信用数据，对供应链上下游的小微企业提供融资服务。

云南信托采用了创新运用供应链金融服务小微企业的模式。该模式以自主研发的普惠星辰系统作为核心交易平台，发挥了金融科技背景下的电子签约、数据互联、资金清算等功能，将普惠金融服务提供给小微企业。以 2019 年成立的“云南信托小贷集合资金信托计划”为例，该模式的具体操作步骤是：在资金端，通过集合资金信托计划募集资金；在资产端，主要通过贷款形式满足品牌代理经销商购货及经营周转的资金需求，且借款人大多为与品牌厂商建立了长期合作关系的优质经销商。在发放贷款的时候，云南信托并不是审核品牌代理经销商的资产负债等情况，而是以该品牌代理经销商供应链上游所代理品牌的信用情况为依据。通过资质审核的借款人贷款额度大、纯信用、放款快，从而帮助经销商根据季节周期平滑进货量，助力小微流通企业的发展。

2. 运用“场景 + 大数据”模式服务三农

一般来讲，餐饮店、便利店、服装店等小微企业信息不透明，缺乏固定资产抵押，融资风险较大，传统金融服务往往覆盖不到。因为，从市场原则角度来看，为了回避风险，金融机构不愿意对这些群体提供融资。在金融科技背景下，信托公司采用了“场景 + 大数据”模式对这些群体提供普惠金融服务。在该模式下，信托公司基于自助贷款系统和大数据风控模型，并与助贷机构进行合作，通过真实场景所提供的交易数据对客户进行交易真实性评估和反欺诈评估，并配合人行征信、支付数据等大数据，对这些群体进行信用评估和风险定价，从而为其信贷提供决策依据。

目前，云南信托就通过场景及大数据风控的模式，对餐饮、三农、教育等多个领域的小微企业提供普惠融资服务。以农之家信托产品为例，该产品采用了 TOT（Trust of Trusts）方式：第一层信托为“云南信托·会泽农之家集合资金信托计划”，由合格投资者认购优先级、贷款服务公司认购一般级，信托资金用于认购第二层的单一资金信托；第二层信托为“云南信托·普惠农之家单一资金信托计划”，信托资金用于向农民购买种子、化肥、农药等提供贷款服务。在该案例中，云南信托主要采用了以下几点关键措施来控制风险：①第一层信托中的贷款服务公司深耕农业领域多年，熟悉客户情况，由其推荐客户既节约了交易费用，又有利于控制风险。并且，由该贷款服务公司在第一层信托中认购一般级，可以避免贷款服务公司的道德风险，起到增信作用；②在贷款服务公司推荐的基础上，云南信托运用大数据对农户信息进行交叉验证，以评价农户的还款能力；③为了避免农户将信托资金挪作他用，信贷资金直接支付给农机或农资经销商，而不是直接支付给客户。

3. 通过智能平台提升小微企业抵押贷款的效率

房抵贷业务是信托公司为小微企业提供的金融服务模式之一。小微企业主在遇到资金困难的情况出现时，通过名下房产抵押获得资金是可行的方法。信托公司要达到金融普惠的服务目标，一方面要保本微利，让利于小微企业；另一方面，必须降低运用成本，金融赋能则提供了控制成本的可行性。部分信托公司通过建设智能贷款系统，既降低了服务中小企业主的成本，又优化了审批流程，提高了抵押贷款的效率。

在10多年时间里，外贸信托已经发展成为以“平台+数据”为核心的小微金融服务商，建立了完善的小微金融服务产品线。其主要运作模式为：在资金端，外贸信托与专注小微金融业务的机构合作，发起设立单一资金信托计划或者结构化的集合资金信托计划；在资产端，将募集的信托资金，按照设定的贷款发放标准，向符合该信托计划贷款条件的小微企业发放信托贷款。其中，“菁华”系列抵押类贷款，要求借款人将抵押物抵押至外贸信托以获取资金，笔均贷款金额从15万元至200万元左右。

为了提高效率，外贸信托强化基于信息技术的平台服务能力，利用大数法则和金融技术，为小微企业提供综合金融服务。该公司加大金融科技投入，建立了智能平台。该平台可以自动进行相关业务操作，清结算体系以及穿透式对账体系将业务精细化、自动化，满足了小微企业贷款小额多笔的需求。凭借完善先进的智能系统，外贸信托有效地提升了服务小微企业的风控决策、产品支付、对账、清算等效率。

4. 结合应用场景助力消费金融业务

目前，约有三分之二的信托公司开展消费金融业务。在传统模式下，信托公司是通过与助贷机构合作的方式对广泛的终端客户提供信贷服务，风险控制方面也依靠与助贷机构的合作进行。近两年来，在金融科技的助力下，这一模式有所突破。一般来说，结合消费金融业务的应用场景，消费金融业务可以分为客户识别、风险防控、运营管理三个阶段。在客户识别阶段，信托公司主要利用APP获得客户，并结合人脸识别、声纹识别等技术进行客户身份验证；在风险防控阶段，外贸信托、云南信托、渤海信托、华润信托等部分公司开始构建基于大数据的反欺诈能力和风控能力，直接对终端客户提供信贷服务，并尝试着自主掌控业务风险；在运营管理阶段，利用大数据技术对账户进行分析，控制坏账率。例如，2018 年以来，外贸信托推出了“先先呗”这一现金分期产品，直接面向终端客户放款。该产品通过人脸识别等对客户身份进行认证，并通过联合建模、数据风控等对终端客户的信用资质进行评估，并实现了线上审批、支付等流程。

（五）普惠信托服务是新时代信托公司转型的新方向

目前，在习近平新时代中国特色社会主义思想引领下，中国社会进入了历史新方位。新时代呼唤新金融，新金融必然产生并服务于新时代。十九大提出，中国特色社会主义进入新时代，我国社会的主要矛盾已经转化为人民日益增长的美好生活需要和不平衡不充分的发展之间的矛盾。深化金融供给侧结构性改革，使得弱势群体、中小微企业等真实得到金融服务的好处，这是新时代对我国信托业转型发展的要求。

普惠金融客户群体分布广泛，数量众多，差异性极大，对普惠金融服务的需求存在多样性。经过规范后的我国信托业，在普惠金融服务方面进行了长期探索，创新出了有效的业务模式，包括传统业务模式和科技赋能模式。其中，传统模式的特征是信托公司充分发挥制度赋予的金融功能优势，联合小额贷款公司、政策性担保公司等机构，有效降低交易费用，合理进行风险分担，为弱势群体提供普惠金融服务。但是，传统模式的可持续性不高。科技赋能新模式突破了传统模式下信托公司普惠金融服务存在的获取客户成本高且渠道窄、风险控制成本高、运营效率低等问题，进一步降低了交易费用，克服了信息不对称的风险，使得信托公司普惠金融服务更加具有可持续性。因此，金融科技建设引起了信托公司的普遍重视。

无疑，商业银行仍然是我国普惠金融服务的主力军。在科技赋能模式下，信托公司的普惠金融服务也还存在着自身风控能力不足、过度催收等一些障碍。但是，面对普惠金融客户群体的差异化、多样化金融需求，信托公司能够通过传统模式和金融科技赋能模式的同时进行，融合线上、线下业务的优势，在降低交易费用的同时，分担风险，从而为我国普惠金融服务提供了新的探索和尝试。

参考文献

[1] 中国人民银行、世界银行集团. 全球视野下的中国普惠金融：实践、经验与挑战[EB/OL]. http：//www.pbc.gov.cn/goutongjiaoliu/113456/113469/3481224/index.html. 2018-02-12/2020-10-30.

[2] 李扬. 完善金融制度是金融科技健康发展的前提[J]. 清华金融评论，2019（05）：21-23.

[3] 蒲坚. 信托的中国价值[J]. 北大商业评论，2010（10）：41-53.

第九章　新发展格局下资金信托业务的金融逻辑与转型路径

1978 年以来，我国利用劳动力低成本优势，积极参与国际经济大循环。同时，通过产业升级提高在全球价值链中的位置，从而有力地推动了经济的增长。近年来，外部环境发生了深刻的复杂变化，世界经济低迷、贸易保护主义上升，面临着百年未有之大变局。2020 年，新冠肺炎疫情发生，世界经济陷入深度衰退，中美分歧与博弈加剧。在这种背景下，2020 年 5 月 14 日，中央政治局常委会会议提出，要“深化供给侧结构性改革，充分发挥我国超大规模市场优势和内需潜力，构建国内国际双循环相互促进的新发展格局”。这是为了适应国内外经济环境的深刻变化，我国政府主动进行的重大战略调整。在“双循环”新发展格局的大背景下，满足国内需求成为发展的出发点和落脚点。国内循环与国际循环不是非此即彼、相互替代的，而是良性互动、相互促进的。两个循环的特点和相互关系是内循环为主、外循环赋能、双循环畅通高效[1]。“双循环”新发展格局将全面重塑我国的生产关系。

自我国《信托法》（2001）发布以来，随着一系列监管政策的出台，我国信托业走上了规范的发展道路。在 2006 年至 2017 年，我国信托公司管理的资产规模连续快速增长，成长为第二大金融子行业。在满足了融资方资金需求的同时，也积累了不容忽视的风险，引起了监管部门的注意；2018 年以来，“资管新规”系列政策的出台，导致了我国信托业管理资产规模又连续下降。在这种背景下，资金信托业务的转型问题成为监管部门、学者乃至业界关注的焦点问题。

研究我国资金信托业务的转型以及由此带来的风险考量，离不开新发展格局这个时代背景。在新发展格局下，我国信托业发展的金融逻辑发生了根本转变，由此也带来了转型路径的变化。本论文将在新发展格局的大背景下，研究我国信托业的金融逻辑变化，并在此基础上，进一步探讨资金信托业务的转型路径及业务模式创新。

一、刚性兑付基础上资金信托业务的金融逻辑难以持续

（一）刚性兑付基础上资金信托业务的金融逻辑

在刚性兑付规则下，资金信托计划的运作步骤是：在资金端，投资者先将资金委托给信托公司，信托公司将多个委托人交付的资金进行集中管理，实现产权委托的代理关系；在资产端，信托公司采用股权、债权、股债混合等多种金融工具把资金投资到目标企业或项目，实现经营性委托的代理关系，满足交易对手的资金需求。

进一步分析，刚性兑付基础上信托业的金融逻辑是：改革开放以来，伴随着我国经济的快速发展，居民财富保值增值的要求日益强烈。然而，从金融体系整体角度来说，在突破金融抑制的过程中，我国金融体系的改革和创新是不够完善的。银行存款利率极低、资本市场还在建设完善的过程之中，居民理财需要新的渠道；同时，地方政府、房地产企业等对融资的需求也不断提高。在这种背景下，刚性兑付规则基础上的资金信托计划既满足了投资者财富保值增值的需求，又满足了融资方的资金需求。因此，投资者和融资方的共同需求导致了金融机构资产管理业务的快速增长。具体到信托业来说，在“一法三规”的约束下，加上刚性兑付规则取得了投资者的信任，从 2006 年到 2017 年末，我国信托业管理资产规模高速扩张，规模从 3500 亿元扩张到 26.25 万亿元，增长了 75 倍。

由于刚性兑付规则的存在，投资者在选择资金信托产品的时候，基本不用考虑项目的风险，只是依据信托产品的预期收益率，导致信托公司承担了项目的风险。资金信托计划采取的是“预期收益率 + 信托机构收益留存”的业务模式。从融资方来看，主要是房地产企业、地方政府融资平台等。

（二）严监管下信托业迎来发展拐点

然而，随着不同金融机构间跨行业资产管理业务竞争与合作的日益加深，刚性兑付、产品多层嵌套等问题也带来了较大的风险隐患，从而导致了一系列监管政策的出台。2017 年 12 月，原银监会出台了《关于规范银信类业务的通知》，对银信合作业务进行规范；2018 年又出台了《关于进一步整治银行业市场乱象的通知》《关于规范金融机构资产管理业务的指导意见》《商业银行理财业务监督管理办法》《商业银行理财子公司管理办法》等一系列监管政策，对监管套利的通道业务进行严格限制。监管政策直指刚性兑付、产品嵌套等核心问题，对我国金融资产管理行业带来了根本性的影响。

一系列监管政策扭转了 2017 年以来信托业管理资产的快速增长局面，信托行业的发展迎来拐点。2018 年以来，信托行业持续缩表。在三年的时间里，信托行业的管理资产规模已经从 2017 年末的 26.25 万亿元大幅压缩至 2020 年三季度末的 20.86 万亿元。

（三）经济增速下滑背景下信托项目存在风险加大的趋势

在经济增速下滑背景下，刚性兑付规则也为信托业埋下了较大的风险隐患。信托项目风险传导与累积的机理，可以从信托公司的业务模式及外部经济环境的转变中推导出来。

刚性兑付规则能够顺利持续的前提条件是：①在资产端，经济高速增长，信托项目发生风险的概率较低；②在资金端，信托管理资产规模有一定限度，不超过资产端优质信托项目所需资金的额度。在2012年以前，我国经济GDP增速位居高位，虽然经历了2008年世界金融危机，但是，政府的4万亿经济刺激计划导致经济V型反转，并没有导致经济增速大幅下降。同时，信托业也处于高速增长的前期，信托资产规模有限，从2006年至2012年，虽然信托业管理的资产规模连续快速增长，但是，截至2012年四季度末，信托管理资产规模为7.47万亿元，基本上风险处于可以控制的安全区域。然而，从2013年开始，我国信托业管理资产规模超速发展。2013年末信托管理资产规模为10.91万亿元，突破10万亿元关口，并且继续连年增长，2017年末信托管理资产规模达到了26.25万亿元。

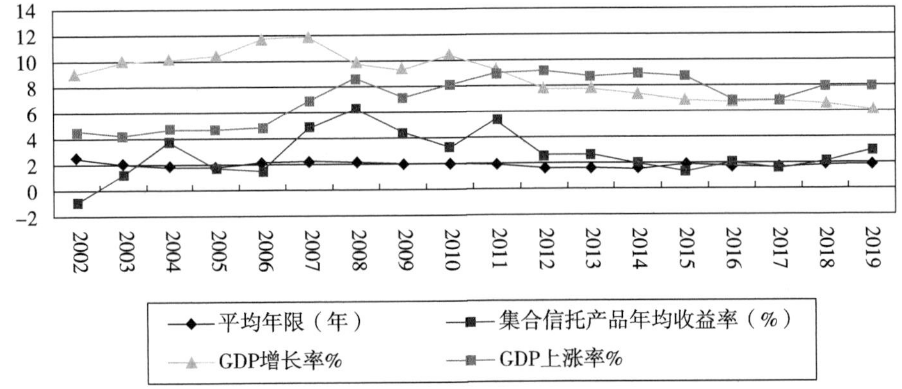

图1　集合信托产品年均收益率与GDP增长速度对比图

数据来源：用益信托网、中国信托业协会、中国人民银行、国家统计局官网

从我国GDP增长速度来看，2012年以来呈现出逐渐降低的趋势。而从集合信托产品年均收益率来看，虽然略有波动，自2012年以来基本都高于当年的GDP增长速度。从2018年、2019年的数据来看，集合信托产品年均收益率高于GDP增长速度的特征愈发明显（图1）。

2020年，新型冠状病毒疫情席卷全球，叠加上美国贸易保护主义的复苏、我国居民消费能力的下降等不确定性因素，信托业面临着严峻的不利局面，导致信托项目发生兑付风险的概率大大提高。根据中国信托业协会的数据，2017 年以前，信托风险资产率多数时候维持在 0.8% 以下，2018 年小幅上升至 0.98%，2019 年末则大幅上升至 2.67%。2020 年一季度末，信托业资产风险率为 3.02%，较 2019 年末提升 0.35%。从风险项目数量和风险资产规模的环比变动来看，2020 年一季度末，信托业风险项目个数为 1626 个，环比增加 79 个，增幅为 5.11%。2020 年一季度末，信托行业风险资产规模为 6431.03 亿元，环比增加 660.56 亿元，增幅 11.45%。甚至，在经济下行压力加大的背景下，信托业的风险加速暴露，少数信托公司已劣变为高风险机构[2]。例如，安信信托、新时代信托、新华信托、四川信托等接连爆出兑付危机。个别信托公司甚至存在违规经营、关系人利益输送、挪用信托资金等行为，导致信托公司被重组或被接管。

除了同行业的竞争以外，信托公司面临的银行理财子公司等资管机构的竞争压力也越来越大。我国信托业正处在信托项目风险逐渐加大、竞争逐步加剧、监管逐步趋严的展业环境中，刚性兑付规则难以持续，信托公司正在持续探索行业的转型发展方向，新发展格局下的转型路径成为了整个行业共同面对的重大课题。

二、新发展格局下资金信托业务的金融逻辑变化

（一）新发展格局下资金信托业务的金融逻辑变化

刘鹤（2020）指出，构建新发展格局，位处“两个一百年”奋斗目标的历史交汇期，是事关全局的系统性、深层次变革。构建新发展格局的关键在于实现经济循环流转和产业关联畅通，根本要求是提升供给体系的创新力和关联性，解决各类“卡脖子”和瓶颈问题，畅通国民经济循环。[3]在新发展格局下，中国社会将进入历史新方位。在新发展格局下，资金信

托业务的金融逻辑发生了重大变化，主要体现在以下几点：

第一，在资产端，资金信托业务的服务对象发生了改变。以前，我国的资金信托业务主要是服务于房地产企业、地方政府融资平台等高回报的领域。在新发展格局下，资金信托业务的服务对象应该是推动科技创新和产业结构升级、推动城市更新和新型城镇化发展、支持长租房建设等内容，以更好地解决人民日益增长的美好生活需要和不平衡不充分的发展之间的矛盾。

第二，在资金端，投资者选择资金信托产品的规则发生了变化。资金信托产品可以分为预期收益率型产品和净值型产品。预期收益率型产品是指在发行时披露信托产品的预期收益率，以此作为投资者的依据；净值型资金信托产品是指在存续期内对产品进行净值化管理，并定期披露产品的净值，以此作为投资者的依据。以前，投资者在选择资金信托产品的时候，基本上默认刚性兑付规则，依据信托产品预期收益率的高低来进行投资。在新发展格局下，信托公司要打破刚性兑付，逐步向净值化管理过渡，以此实现资金信托产品“卖者有责”基础上的“买者自负”。

第三，在资金的运用上，资金信托业务的价值创造模式发生了变化。金融业安身立命之本就是有效服务实体经济，因为金融业的收益来自实体经济。然而，金融发展的自身逻辑中，客观上潜藏着对实体经济“疏远化”的倾向，[4]这种倾向在资金信托业务的发展过程中也有所体现。资金信托业务犹如双刃剑，信托公司在发挥了促进实体经济、探索金融创新等积极作用的同时，也出现了融资功能滥用、监管套利等负面问题[5]。在新发展格局下，信托公司必须将资金信托业务的价值创造模式聚焦于有效服务实体经济上，提升核心竞争力。

（二）新发展格局下资金信托业务的金融功能

新格局呼唤新金融，新金融必然产生并服务于新格局。由于金融机构的功能比组织结构更重要[6]，因此，需要有效发挥出资金信托业务的金融功能来解决新发展格局下的社会主要矛盾。根据金融功能框架理论，金融系统基本的、核心的功能有六项：在时间和空间上转移资源；分散、转移和管理风险；清算和结算；集中资本和股份分割；提供价格信息；解决激励问题[7]。但是，长期以来，人们容易忽视金融体系的化解风险、利用信息优势、降低交易成本等方面的功能。对金融机构来说，在传统的"动员储蓄、便利交易、资源配置"功能基础上，要进一步拓展到"公司治理、信息揭示、风险管理"等功能[8]。从更深远的角度来说，更加公正与安全也属于金融体系改革的目标[9]。

从资金运用的角度来讲，依据政策规定，信托公司是唯一横跨货币市场、资本市场和实体经济进行投资的金融机构。根据《信托公司集合资金信托计划管理办法》第二十六条的规定，信托公司可以运用债权、股权、物权以及其他可行的方式来运用信托资金。因此，在新发展格局下，信托公司可以充分运用制度优势，承担时代使命，探索出一条具有核心竞争力、可持续发展的价值创造模式（图 2）。

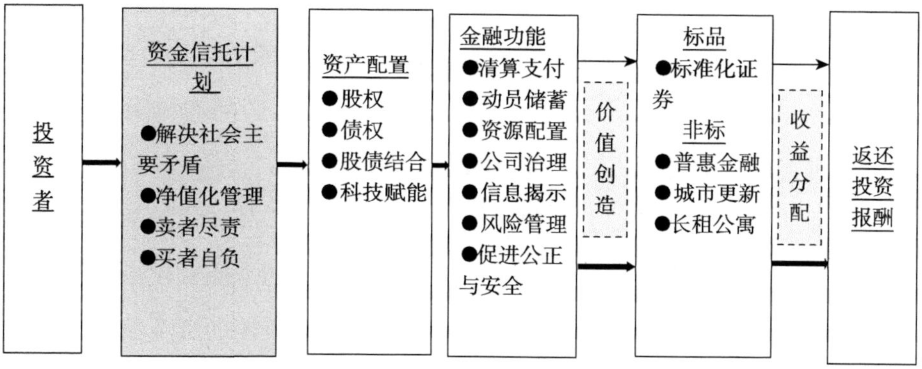

图 2　新发展格局下资金信托业务的金融逻辑与功能

三、新发展格局下资金信托业务的转型发展路径

（一）净值化管理将从根本上重塑资金信托产品的业务模式

在预期收益率模式下，在资金端，信托公司坚持刚性兑付；在资产端，通过运用多种金融工具满足地方政府融资平台、房地产企业的融资需求。在发挥了积极作用的同时，也加剧了金融风险的传递。2018年以来，中国人民银行会同银保监会、证监会等部门联合出台资管新规，化解金融风险，使得资管行业的乱象得到了初步治理[10]。

在新发展格局下，对资金信托业务的核心要求是：服务对象上，更加强调解决社会主要矛盾；产品模式上，打破刚性兑付，实行净值化管理。《关于规范金融机构资产管理业务的指导意见》（2018）第十八条规定，金融机构对资产管理产品应当实行净值化管理，净值生成应当符合企业会计准则规定，及时反映基础金融资产的收益和风险。

净值型资金信托产品与预期收益型信托产品的主要区别在于运作模式的不同。净值型资金信托产品没有事先约定的预期收益率，投资者依据净值的波动情况进行投资，净值的高低反映了信托公司管理水平的高低。因此，对资金信托产品实行净值化管理的前提条件是能够准确计算其净值，并通过该净值的波动使得投资者能够掌握资金信托产品的风险和收益情况，从而实现“卖者有责”基础上的“买者自负”。

从刚性兑付规则基础上的预期收益率资金信托产品转化为新发展格局下净值化管理的资金信托产品，涉及资金信托业务的本质变化，将从根本上重塑资金信托产品的业务模式。对于投资于资本市场的资金信托产品来说，由于存在活跃的交易市场报价，净值化管理相对适合。然而，对于非标资金信托业务来说，由于没有活跃的交易市场报价，净值只能通过合适的估值技术获得。由于业界还没有统一的估值标准，因此，在对非标资金信托产品进行估值时，估值方法、模型的选择以及参数的确定都存在一定

的差别，从而使得计算出来的资金信托产品的净值存在一定的差异。

即使监管部门及业界能够从形式上突破非标资金信托产品估值的难点，推出统一的估值标准，也还不能保证真正实现“卖者有责”基础上的“买者自负”。商业银行的存贷业务是借贷关系，而资金信托业务的本质是“受人之托，代人理财”，信托公司尽责基础上的主动管理能力才是资金信托业务净值化管理的最根本的基础。对投资者来说，打破刚性兑付依赖，依据净值选择资金信托产品，“自负”所投资的资金信托产品的风险与收益，也需要一个根本性的改变。因此，净值化管理将从根本上重塑资金信托产品的业务模式。

（二）新发展格局下资金信托业务的转型路径

实际上，近年来信托公司在严监管的压力之下，一直在持续探索资金信托业务的转型发展之路，且取得了相对成功的业务模式，从而为新发展格局下资金信托业务的价值创造探索奠定了坚实的基础。在新发展格局下，信托公司应该继续围绕证券投资、弱势群体、城市更新、新型城镇化、产业结构优化等目标，探索具有竞争力的、可持续发展的转型发展路径。

1. 顺应净值化管理要求，积极开展标品信托业务

净值化管理的核心是按照公允原则对资金信托产品进行合理估值，而证券投资类资金信托产品本身就已经是采用公允计价法进行估值的。因此，信托公司未来应该顺应监管部门的净值化管理要求，积极围绕证券市场开展标准化资产的资金信托投资业务。2020 年 5 月，银保监会发布了《信托公司资金信托管理暂行办法（征求意见稿）》，其中明确规定，在非标债权方面，要求单一客户集中度不超过其净资产的 30%、全部贷款不超过集合资金规模的 50%。该规定将倒逼信托公司控制非标债权的业务规模，并积极推动“非标转标”。

2020年7月，央行、银保监会、证监会和外管局联合发布《标准化债权类资产认定规则》，对“标”和“非标”的认定给出了一定的标准。其中，第一条指出，标准化债权类资产是指依法发行的债券、资产支持证券等固定收益证券，主要包括国债、中央银行票据、地方政府债券等；第二条指出，其他债权类资产被认定为标准化债权类资产的，应当同时符合5个条件：等分化，可交易；信息披露充分；集中登记，独立托管；公允定价，流动性机制完善；在银行间市场、证券交易所市场等国务院同意设立的交易市场交易。不符合“标”的要求的债权类资产，就是“非标”。该规则的发布，有助于进一步引导信托公司开展标品资金信托业务。

目前，以证券投资为核心的标品资金信托业务已经成为信托公司的重要业务之一。从类别来看，可以分为事务管理类和主动管理类两种类型。

（1）事务管理类标品资金信托业务

事务管理类标品资金信托主要是为私募基金等机构投资者提供行政服务，其业务模式为：在资金端，通过集合资金信托计划募集资金；在资产端，私募基金作为投资顾问进行投资决策并承担市场风险；信托公司作为受托人，承担市场风险以外的运营、管理和服务职能。阳光私募股票基金就是比较典型的事务管理类标品资金信托产品。

在事务管理类标品资金信托业务中，信托公司的核心竞争力在于全周期的行政服务体系，包括：资金募集、设计交易结构、资金管理、估值清算及信息披露等工作。目前，华润信托、外贸信托等公司都在该类业务方面积累了丰富的经验。外贸信托从2004年开始加大信息化建设，在估值、结算、风控等方面形成了一体化的信息系统，上线了自主研发的证券尊享客户平台，提高了事务管理类信托的核心竞争力。

该类业务顺应了国家大力发展资本市场的潮流，是信托公司转型发展的新蓝海。为了进一步提升竞争力，信托公司要构建全价值链的证券投资信托服务体系，打造事务管理类信托业务客户、资源、数据和服务的生态圈，形成集聚优势。

（2）主动管理类标品资金信托业务

主动管理类标品资金信托业务是指信托公司作为受托人，对信托资金承担主动管理责任，具有管理和处分信托资金的权力。其业务模式为：在资金端，通过集合资金信托计划募集资金；在资产端，信托公司作为受托人，单独进行投资决策，并承担信托产品的市场风险及运营和管理职能。该类业务要求信托公司建设专业投研团队，具备较高的主动管理能力。早在 2003 年，云南信托推出的“中国龙资本市场信托计划”就可以看作是主动管理类标品资金信托业务的早期实践。该信托计划不引入第三方投资顾问，信托公司既是受托人，又是投资顾问，自建投研团队管理信托资金。

从整个信托行业来看，在标品投资领域，其投研团队的专业化能力在短期内还是与基金公司、券商资管部门存在一定的差距。因此，市场上较为常见的是 FOF（Fund of Fund）模式。其业务模式为：信托公司作为受托人，成立集合资金信托计划作为母基金；信托公司作为母基金的管理人，在对宏观经济和大类资产进行研究的基础上，将母基金的资金投资到子基金，子基金再最终投资于标准化证券。子基金在最底层资产（例如股票、债券等）上拥有投资优势，由专业的基金公司等负责决策。在 FOF 模式下，信托公司需要提升的主动管理能力聚焦于大类资产配置方案、子基金评价体系、下层资产风险监考体系等方面，最底层的投资决策则由子基金管理团队负责。

2. 提升非标业务的核心竞争力

刚性兑付规则下以贷款类信托为主的发展模式与日本 20 世纪六七十年代的情形类似[11]。回顾日本的经验，在经济高速增长的年代贷款类信托业务有一定的合理性。但是，在新发展格局下，为了防控信托产品的兑付风险，打破刚性兑付，探索服务实体经济的新模式是十分必要的。

对于信托公司开展的普惠金融、城市更新、长租公寓等非标业务来说，在业界没有形成统一的估值标准之前，进行净值化管理还存在难点，信托公司需要先提升该类业务的核心竞争力，探索可持续发展的、风险可控的业务模式。

（1）创新普惠信托服务的业务模式

普惠金融在 2005 年 9 月的联合国峰会上被提出[12]。所有有需求的人都应该得到普惠金融服务[13]。普惠金融显著地促进了经济增长，减轻了贫困[14]。由于竞争力相对不足，金融机构在服务长尾客户时面临着较高的交易费用与较高的风险。因此，商业银行体系和资本市场往往倾向于为大型企业和富人提供服务[15]。

十九大提出，我国社会的主要矛盾已经转化为人民日益增长的美好生活需要和不平衡不充分的发展之间的矛盾。这是关于中国发展全局和战略的新的重大判断。由此，服务于弱势群体、小微企业等回报低、风险大的经济领域的普惠金融引起了决策层的高度重视。近年来，中国普惠金融的发展取得了重大进展，普惠金融合作服务体系已经基本建立。但是，无论理论方面还是实践方面，都还存在着一些问题：普惠金融服务的商业模式不可持续；普惠金融服务的多样性不足[16]。在开展普惠金融服务的过程中，信托公司综合运用多种投资方式，发挥出制度功能优势，来降低交易费用，合理分担风险，创新出了普惠信托产品的有效业务模式。

第一，通过私募股权投资基金支持小微企业。通过与专业机构合作，信托公司还以股权模式支持小微企业的发展。上海信托与中关村发展集团成立了中关村发展启航创新投资基金集合资金信托计划，具体运作模式为：在资金端，该信托计划向社会投资者募集资金；在资产端，以有限合伙人身份入股与其他专业机构共同成立的私募股权投资基金，主要投向战略性新兴产业领域，投资对象以初创期及成长期的小微企业股权为主。信托计划期限为 102 个月，规模为 3.17 亿元。目前，该集合资金信托计划已经向多个成长期的高新技术小微企业进行了股权投资。

第二，借助行业优势为供应链上下游小微企业提供服务。从资源禀赋来说，由于股东背景，有些信托公司天然具有行业优势。中粮信托深刻把握中粮集团相关产业链的运行规律，为供应链上下游的小微企业提供金融服务。例如，“中粮信托·供应链信托贷款（中粮米面经销商）集合资金信托计划”的操作模式为：中粮信托发行集合资金信托计划募集资金，并将该资金用于向中粮福临门米面经销商发放贷款，该贷款专项用于采购中粮福临门米面，并以受托支付的形式打入中粮国际的账户，中粮国际监管米面经销商的日常经营。为了控制风险，中粮信托公司引入保险机构并支付合理的风险溢价。

（2）创新知识产权抵押信托助力科技型中小企业发展

科技型中小企业缺少固定资产，从而贷款较难。国元信托公司灵活拓展抵押品范围，让中小企业的知识产权成为抵押物，发行了知识产权信托计划，助力科技型中小企业发展。以“合肥市高新区中小企业知识产权受益权投资集合资金信托计划”为例，经过安徽省发改委、知识产权局、国元信托、合肥高新区管委会等部门和机构的多次协商，确定该资金信托计划在资产端以受让合肥市高新技术产业开发区内中小企业知识产权受益权的方式成立，规模 3 亿元，分期发行。信托计划到期后，中小企业回购信托计划项下的知识产权受益权。该项目由合肥高新融资担保有限公司为保证人，并由中小企业为其回购义务提供质押担保。

（3）通过创新积极参与城市更新建设

十九届五中全会通过的《中共中央关于制定国民经济和社会发展第十四个五年规划和二〇三五年远景目标的建议》明确提出实施城市更新行动，为“十四五”做好城市工作指明了方向。实施城市更新行动，要把城市作为“有机生命体”，用统筹的方法系统治理“城市病”[17]。服务城市更新行动是新时代信托业转型发展的新蓝海。在城市更新行动中，信托公司积极参与治理和改造城市中已经不适合时代要求和经济发展的片区或物业，以满足城市人民对美好生活的要求。

粤海信托积极参与珠海的城市更新项目，成立了城市更新基金集合资金信托计划。在资产端，该信托计划以有限合伙人的形式投资于城市更新基金，城市更新基金再入股项目公司，用于项目公司进行城市更新项目的拆迁安置费、拆迁款及土地出让金以外的项目开发建设费用。资金信托计划到期以后，信托公司收回投资本金及收益。建信信托在广州市增城区实施的城市更新投资项目运作模式为：在资金端，建信信托发行信托计划募集资金；在资产端，建信信托作为主导者收购标的旧厂，并对其进行更新改造，实现价值增值。项目到期以后，通过广州市三旧改造的市场化返还政策实现信托计划的退出，并获取收益。

（4）创新业务模式参与长租公寓市场

房地产业影响投资和消费，事关民生和发展。基于投资拉动增长模式的传统房地产信托业务，越来越受到经济环境的约束以及监管部门的重压。在新发展格局下，发展长租公寓市场是落实“房住不炒”的重要举措。信托公司充分发挥可以股权、债权运用资金的优势，在参与长租公寓市场方面进行了探索。

第一，通过债权参与长租公寓的业务模式。在资金端，北京信托通过设立集合资金信托计划募集资金；在资产端，通过发放贷款用于开发建设镇江新区港南长租公寓项目，建成后的长租公寓按照园区企业需求租赁给员工，为镇江新区的人才引进及安居配套提供了有效支持。

第二，通过“股权 + 债权”等方式参与长租公寓市场。对于成长期的长租公寓而言，单轮融资无法解决问题，需要多轮融资。2016 年，在魔方公寓的 C 轮融资中，中航信托认购了优先股，持有了 18% 的股份；同时，中航信托发行了魔方公寓集合资金信托计划，对其提供贷款支持。2017 年，作为受托人，中航信托协助魔方公寓发行了长租公寓信托受益权资产支持专项计划。

（三）对策建议

在新发展格局下，资金信托业务的金融逻辑发生了重大变化。服务对象上，由以前的房地产企业、地方政府融资平台转变为产业结构升级、城市更新和新型城镇化发展、支持长租房建设及普惠金融客户群体等；产品兑付规则上，打破“预期收益率 + 信托机构收益留存”的业务模式，逐步向净值化管理过渡，以此实现资金信托产品“卖者有责”基础上的“买者自负”；价值创造模式上，矫正滥用融资功能、监管套利等负面行为，将资金信托业务的价值创造模式聚焦于有效服务实体经济上，提升核心竞争力。

实行净值化管理，将从根本上重塑资金信托产品的业务模式。对资金信托产品实行净值化管理，既需要信托公司改变信托业务的传统模式，提升主动管理能力，也需要投资者破除刚性兑付的信念，认真分析信托产品的风险，根据自己的风险承受能力，理性地进行投资。因此，净值化管理的根本在于遵循统一的估值规则，通过准确的净值向投资者传递信托产品的风险及收益信息。但是，业界还缺乏统一的、规范的非标信托产品的估值原则、程序和方法。

新发展格局指明了资金信托业务的转型路径。证券投资类资金信托产品本身就采用公允计价法进行估值，又顺应了国家大力发展资本市场的潮流，是新格局下信托公司转型的新蓝海。对事务管理类和主动管理类两种类型的标品资金信托业务来说，信托公司都应该结合自身的行业优势，继续提升核心竞争力。对于普惠金融、城市更新、长租公寓等非标业务来说，在统一的估值标准出台之前，信托公司应该先创新业务模式，探索可持续发展的、风险可控的价值创造路径。

（1）针对非标资金信托产品，业界应该研究制定统一的估值规则。在新发展格局下，通过净值反映非标资金信托产品的风险和收益，改变了传统预期收益型信托产品下由信托公司实质承担风险的状况，风险承担主体变为投资者。因此，需要监管部门及信托业界共同制度及推出统一的、可操作的估值规则。

（2）研究制定详尽的信托公司尽责标准。实现信托产品风险“卖者有责”基础上的“买者自负”，出台统一的信托公司尽责标准是前提。该标准应该能够从过程及结果两个角度判断信托公司的尽责情况，能够清晰界定资金信托产品的市场风险、商业风险及信托公司的责任，并由信托公司遵照此标准开展资金信托业务。

（3）加强投资者教育。对资金信托产品来说，刚性兑付规则既不符合市场化原则，也不是长久之计。在净值化管理的趋势下，投资者要强化风险承担意识，破除对刚性兑付规则的依赖。由于非标资金信托产品的估值要依赖较多的非公开信息，因此，投资者还要提升自身的理财素质，做到依据专业知识选择风险与收益对等的资金信托产品。

参考文献

[1] 江小涓、孟丽君. 内循环为主、外循环赋能与更高水平双循环——国际经验与中国实践 [J]. 管理世界，2021（1）：1–18.

[2] 中国人民银行金融稳定分析小组. 中国金融稳定报告 2020[M]. 北京：中国金融出版社，2020：66–70.

[3] 刘鹤. 加快构建以国内大循环为主体、国内国际双循环相互促进的新发展格局 [N]. 人民日报，2020–11–25（006）.

[4] 李扬. “金融服务实体经济”辨 [J]. 经济研究，2017，52（06）：4–16.

[5] 王道远. 中国信托公司的财富管理业务 [J]. 清华金融评论，2020（01）：80–81.

[6] Merton R C. Silver Anniversary Commemoration ‖ A Functional Perspective of Financial Intermediation [J]. Financial Management，1995，24（2）：23–41.

[7] 黄达、张杰. 金融学[M]. 北京：中国人民大学出版社，2020：173.

[8] 徐忠. 新时代背景下中国金融体系与国家治理体系现代化 [J]. 经济研究，2018，53（07）：4–20.

[9] Michael S. Barr. "Financial Reform: Making the System Safer and Fairer." The Russell Sage Foundation Journal of the Social Sciences, vol. 3, no. 1, 2017, pp. 2 - 18.

[10] 中国人民银行金融稳定分析小组 . 中国金融稳定报告 2019 [M]. 北京：中国金融出版社，2019：102–105.

[11] 陈思翀 . 借鉴日本经验勾画中国信托业的未来发展蓝图 [J]. 金融发展评论，2013（06）：92–96.

[12] United Nations.International year of microcredit.Ethos，2005，6：26.

[13] United Nations.United Nations capital development fund：building inclusive financial sectors for development.New York：United Nations，2006.

[14] Bindu Ananth，Nachiket Mor. Inclusive Financial Systems. Economic & Political Weekly, 2007.

[15] 中国人民银行、世界银行集团 . 全球视野下的中国普惠金融：实践、经验与挑战 [EB/OL]. http：//www.pbc.gov.cn/goutongjiaoliu/113456/113469/3481224/index.html. 2018–02–12/2021–01–02.

[16] Claessens，S. Access to financial services：a review of the issues and public policy objectives. Policy Research Working Paper Series. 2005，21，207–208.

[17] 王蒙徽 . 实施城市更新行动 [J]. 智能建筑与智慧城市，2020（12）：5–7.